AF596381

STUD-BOOK
PERCHERON
DE FRANCE

TOME VINGT-QUATRIÈME

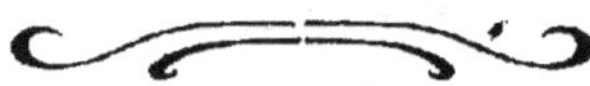

STUD-BOOK
PERCHERON
DE FRANCE

PUBLIÉ PAR LA

SOCIÉTÉ HIPPIQUE PERCHERONNE

Autorisée par le Gouvernement

SIÈGE SOCIAL

NOGENT-LE-ROTROU

(EURE-ET-LOIR)

TOME VINGT-QUATRIÈME

Étalons & Juments

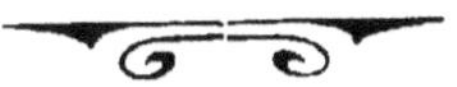

IMPRIMERIE-LIBRAIRIE-PAPETERIE L. HAMARD

NOGENT-LE-ROTROU

1924

Nous, soussignés, constituant le Bureau de la *Société Hippique Percheronne de France,* Société composée de tous les Etalonniers et des Eleveurs du Perche, réunis en association dans le but de conserver pure la race Percheronne, race réputée à juste titre comme donnant les meilleurs chevaux de gros trait du monde ;

Nous publions dans ce vingt-quatrième volume du *Stud-Book Percheron de France* les certificats d'origine des 2.533 Etalons et 2.449 Juments que nous avons acceptés après examen minutieux et nous les déclarons corrects.

Nogent-le-Rotrou, le 31 Décembre 1924.

Le Président,
H. VILLETTE-GATÉ,
Officier de la Légion d'Honneur.

Les Vice-Présidents,
J. AVELINE, — L. AVELINE,
D. JOUANNEAU, — V. TAFFOREAU.

Le Secrétaire,
E. LEMARIÉ.

Le Trésorier,
Edmond PERRIOT.

Délégués :

A. BARBET, — A. BIGNON, — A. BOUTRHY, — E. BURIN, — A. CHAPELLE, — A. DELANGE, — E. DESPREZ, — J. DUVAL, — A. FAUVELLIÈRE, — A. FEUILLARD, — R. FLEURIDA, — J. FOSSEY, — E. GASSELIN, — R. GAULARD, — A. GROUAS, — LIROCHON, — MÉRILLON, — L. MOULIN, — Ernest PERRIOT, — E. POUPLIN, — F. SAGOT, — A. TACHEAU, — H. VALLÉE.

STUD-BOOK PERCHERON

ÉTALONS

STUD-BOOK PERCHERON

ÉTALONS

NOM	N°	ROBE	Naissance	PÈRE	MÈRE
Baba	160071	gris-fer	1923	Sablon 136420	Sortie 136708
Baba	160512	gris-foncé	1923	Tralala 143618	Taloche 140829
Baba	160799	gris	1923	Sapor 138736	Labastille 99144
Baba	161400	noir	1923	Neuilly 112606	Quopieuse 132184
Baba	162268	gris	1923	Sabarat 139316	Ortive 121027
Baba	162553	noir	1923	Sang 136446	Lignette 100066
Baba	164665	gris	1923	Obstructif 120705	Ostéine 123815
Babel	161533	gris	1923	Lutécien 102720	Ino 82585
Babi	160069	noir	1923	Perturbateur 125648	Péruvienne 125654
Babil	161507	gris-tr.-f.	1923	Lutécien 102720	Quouture 132191
Babil	164667	noir	1923	Maquis 110284	Kyrielle 96636
Babillard	160074	gris	1923	Polus 126947	Pelonne 126706
Babillard	160569	gris	1923	Trappon 143649	Julienne 86708
Babillard	160643	noir	1923	Marocain 107904	Noémie 115392
Babillard	161238	gris	1923	Trescheur 141763	Olympie 119724
Babillard	161508	gris	1923	Thomas 141023	Quinzaine 134656
Babillard	162935	gris	1923	Névrosé 113735	Charmante 93309
Babillard	164669	gris	1923	Kerdrain 95437	Roussette 136147
Babillot	162318	gris	1923	Souvenons 136704	Omnia 119754
Babinet	162133	gris	1923	Tendant 140559	Korinthe 92011
Babinet	164242	gris-foncé	1923	Turbigot 141009	Odieuse 122891
Babiroussa	160076	gris	1923	Quissac 130271	Nirette 111954
Babiroussa	162936	bai	1923	Névrosé 113735	Tanville 142394
Bablad	160078	noir	1923	Quissac 130271	Mode 106724
Bablad	162937	gris-vin.r.	1923	Névrosé 113735	Quinte 134116

NOM	N°	ROBE	Naissance	PÈRE	MÈRE
Bablad	164670	noir	1923	Orléans 121007	Ninive 118095
Babord	160079	noir	1923	Jouillat 88042	Savantasse 138467
Babord	161529	noir	1923	Radeau 134903	Série 138986
Babouin	160080	noir	1923	Remisier 133326	Rigolette 135131
Babouin	161354	noir-m.-t.	1923	Stokolme 138147	Polkeuse 125631
Babouta	163685	gris-foncé	1923	Konstat 95797	Nance 115200
Baby	160082	noir	1923	Quissac 130271	Oyante 122200
Baby	161944	noir	1923	Perturbateur 125648	Tourniole 141620
Baby	162194	noir-zain	1923	Tablier 142345	Thémis 141967
Baby	164671	noir-m.-t.	1923	Maquis 110284	Orangère 123750
Babylas	160236	gris	1923	Quaduc 129371	Sagacité 136595
Babylas	160294	gris	1923	Temps 140932	Onésie 120633
Babylas	160516	gris-foncé	1923	Saleux 139360	Qualèche 129677
Babylas	162134	gris	1923	Tendant 140559	Lacoudre 104761
Babylas	164243	gris-foncé	1923	Turbigot 141009	Mye 109526
Babylonien	160086	gris	1923	Polus 126947	Quba 131100
Babylonien	160962	gris	1923	Quaduc 129371	Palmée 124321
Babylonien	164672	noir-m.-t.	1923	Sultan 139856	Miltiade 108520
Bac	160085	noir	1923	Quissac 130271	Targassonne 142399
Bac	161490	gris-fer	1923	Séquoia 137376	Raconteuse 134904
Bac	161530	gris-fer	1923	Radeau 134903	Toilette 143251
Bac	164673	gris	1923	Recteur 135313	Orange 123751
Bacarat	160804	noir	1923	Sabarat 139316	Unifiée 144708
Baccalauréat	160973	gris	1923	Simbleau 136949	Oche 121140
Baccara	160087	noir	1923	Remisier 133326	Kervadée 95058
Baccara	161652	noir-zain	1923	Simbleau 136949	Opérette 119143
Baccara	163415	noir	1923	Québec 131267	Margot 107613
Baccarat	160605	noir	1923	Sablon 136420	Pioche 125318
Baccarat	164246	noir-rub.	1923	Kourlis 95894	Négrerie 117655
Bacchius	162942	bai-brun	1923	Remisier 133326	Orange 124015
Bacchus	161239	gris	1923	Trescheur 141763	Rigidité 134142
Bacchus	162519	noir	1923	Relevant 133297	Mireille 109134
Bacchus	163420	noir	1923	Québec 131267	Jurandre 98633
Bacchus	164247	noir	1923	Romand 135963	Paraphe 127800
Bach	164248	gris-bleu	1923	Romand 135963	Piécette 128317
Bacheau	161423	gris	1923	Séquoia 137376	Mainforte 110989
Bachelier	160112	noir	1923	Sanderling 136440	Sofia 138289
Bachelier	161512	gris-fer	1923	Quaïman 129648	Quinteuse 129183
Bachelier	162947	gris	1923	Torfou 142773	Nébulosité 114058
Bachelier	164249	gris-clair	1923	Mercy 105783	Quôtière 132312
Bachique	160113	noir	1923	Sanderling 136440	Quonférence 130907
Bachius	164679	gris-foncé	1923	Ravignan 136302	Quinte 132557
Bachlyk	162949	gris-vin.-r	1923	Névrosé 113735	Musette 107632
Bachlyk	164681	gris	1923	Recteur 135313	Nébulosité 118472
Bachot	160115	noir	1923	Sanderling 136440	Nonette 115463

NOM	N°	ROBE	Naissance	PÈRE	MÈRE
Bachot	161513	gris-fer	1923	Quaïman 129648	Tapette 142937
Bachot	162950	gris	1923	Négligent 112708	Rhée 134298
Bachot	164682	gris	1923	Recteur 135313	Ignorante 82808
Bachoteur	162951	noir	1923	Négligent 112708	Membrane 106351
Bachoteur	164683	gris	1923	Tambourin 143299	Sensitive 139996
Backer	162954	gris	1923	Remisier 133326	Rayonnante 135133
Backer	164688	noir-zain	1923	Orléans 121007	Obus 123699
Bâcleur	160116	noir	1923	Quissac 130271	Noria 113676
Bâcleur	162956	gris	1923	Remisier 133326	Noémie 113260
Bâcleur	164689	gris	1923	Orléans 121007	Pirogue 128731
Bacon	164231	gris	1923	Romand 135963	Nielle 117229
Bactérien	160117	noir	1923	Quissac 130271	Lectoure 102139
Bactérien	162958	noir	1923	Polus 126947	Néophobie 115715
Bactérien	164690	noir-zain	1923	Orléans 121007	Jouvencelle 88704
Bactrien	160119	noir	1923	Succès 137926	Olette 122435
Bactrien	162959	noir	1923	Quissac 130271	Juvénile 86882
Bactrien	164691	gris-foncé	1923	Obstructif 120705	Naïve 111937
Badamier	162960	noir	1923	Quissac 130271	Limonade 101358
Badamier	164692	noir	1923	Maquis 110284	Orpheline 123800
Badaud	160120	noir	1923	Sanderling 136440	Raisme 134995
Badaud	161521	gris-fer	1923	Tabis 142880	Ramette 134368
Badaud	162961	gris	1923	Polus 126947	Polka 59717
Badaud	163407	noir	1923	Québec 131267	Margot 107911
Badaud	164694	gris	1923	Orléans 121007	Mirtille 111190
Badelaire	162963	noir	1923	Polus 126947	Ilia 98491
Badelaire	164695	noir-zain	1923	Maquis 110284	Molière 111229
Badigeon	160121	noir	1923	Sanderling 136440	Castille 87560
Badigeon	161516	noir	1923	Quaïman 129648	Tiretaine 143255
Badigeon	162965	noir	1923	Quissac 130271	Jubine 98502
Badigeon	164696	gris-foncé	1923	Obstructif 120705	Morphée 111154
Badin	160124	noir	1923	Tronchoy 142698	Trémie 141752
Badin	160813	noir	1923	Saleux 139360	Qramoisie 130266
Badin	162966	noir	1923	Polus 126947	Utée 148207
Badin	163608	noir	1923	Québec 131267	Loulette 101620
Badin	164697	gris-foncé	1923	Recteur 135313	Perse 124395
Badinguet	160944	gris	1923	Quaduc 129371	Qraquette 130020
Badinguet	162528	gris-clair	1923	Receveur 133074	Passeresse 124621
Badois	162970	noir	1923	Polus 126947	Oudine 122376
Badois	164698	gris	1923	Recteur 135313	Renoncule 136157
Baffin	162137	gris	1923	Téléphone 142061	Tartane 140301
Baffin	164252	gris	1923	Thalweg 140873	Phlébite 128278
Bafouilleur	162974	gris	1923	Polus 126947	Illiade 98493
Bafouilleur	164700	gris-rouan	1923	Tambourin 143299	Houlette 74341
Bâfreur	160370	gris	1923	Sanderling 136440	Lisa 103046
Bâfreur	162975	gris	1923	Névrosé 113735	Qruche 131093

NOM	N°	ROBE	Naissance	PÈRE	MÈRE
Bâfreur	163406	noir	1923	Québec 131267	Mazurka 107901
Bâfreur	164703	gris	1923	Recteur 135313	Manette 110226
Baglivi	164254	noir-m.-t.	1923	Sapor 138736	Mignonnette 110529
Bagnard	160574	gris	1923	Sablon 136420	Quapsine 129708
Bagne	161518	noir	1923	Radeau 134903	Santonine 139051
Bagne	164705	gris	1923	Recteur 135313	Litée 103867
Bagneux	162139	gris	1923	Lichas 98731	Sciara 137205
Bagneux	164255	noir	1923	Sapor 138736	Kandide 95584
Bagnolet	162141	noir-zain	1923	Stimulant 137850	Jouvence 89451
Bagnolet	164256	noir-zain	1923	Sapor 138736	Parénèse 127814
Bagoas	164257	noir-zain	1923	Sowiet 138115	Noire 117263
Bagonyard	161278	alezan	1923	Turgot 141541	Mirabelle 54512
Bagout	160371	noir	1923	Sanderling 136440	Surprenante 138293
Bagout	162977	gris	1923	Quissac 130271	Palourde 127033
Bagout	164706	gris	1923	Maquis 110284	Saxhorn 140031
Bagration	164258	gris	1923	Reynal 132841	Urprise 148876
Baguenaudier	160374	noir	1923	Sanderling 136440	Toscane 142092
Bagueur	160375	gris	1923	Sanderling 136440	Quomine 130882
Bagueur	162978	noir	1923	Quissac 130271	Kamenetz 95284
Bagueur	164707	gris	1923	Recteur 135313	Jouvencia 88826
Baguier	160376	gris	1923	Téléphone 142061	Gabonne 73092
Baguier	162979	gris	1923	Remisier 133326	Quakeresse 131104
Baguier	164708	noir	1923	Tambourin 143299	Nuit 118128
Bahut	160378	gris	1923	Torfou 142773	Orbitale 121984
Bahut	161455	bai	1923	Quaïnan 129648	Laponie 104314
Bahut	162980	noir	1923	Nevrosé 113735	Lignarde 104636
Bahut	164711	gris-foncé	1923	Recteur 135313	Tapissière 143301
Bahutier	160379	gris	1923	Téléphone 142061	Poupoule 63471
Bahutier	162983	gris	1923	Polus 126947	Rubine 134479
Bahutier	164715	gris foncé	1923	Lutécien 102720	Nauclée 117592
Bai	161316	gris	1923	Nyctalope 113635	Quorsetière 130567
Bai	162985	bai-brun	1923	Négligent 112708	Gaudriole 73108
Bai	163403	bai-br.-f.	1923	Québec 131267	Lisistrata 104700
Baibrun	163416	noir	1923	Marocain 107904	Musique 107612
Baïf	164259	gris	1923	Reynal 132841	Pagerie 127813
Baigneur	160382	gris	1923	Névrosé 113735	Uratine 148193
Baigneur	160763	noir	1923	Trappon 143649	Héphéméride 77705
Baigneur	162987	noir	1923	Névrosé 113735	Sanction 138511
Baigneur	164716	gris rouan	1923	Recteur 135313	Nacelle 118436
Baïkal	162154	gris-clair	1923	Tablier 142345	Lorraine 98805
Baïkal	164260	gris-foncé	1923	Sapor 138736	Texte 141026
Bail	162989	gris	1923	Névrosé 113735	Narcéine 115573
Bail	164717	noir	1923	Ravignan 136302	Pêcherie 128059
Baillement	161452	gris-fer-f.	1923	Thomas 141023	Urtière 148085
Baillet	160384	gris	1923	Relevant 133297	Pamphylie 126937

NOM	N°	ROBE	Naissance	PÈRE	MÈRE
Baillet	162990	bai-brun	1923	Névrosé 113735	Biche 93310
Baillet	164262	gris-foncé	1923	Pilon 127251	Pérée 127141
Baillet	164718	gris-foncé	1923	Recteur 135313	Nora 118148
Bailleul	164263	noir	1923	Sillé 139709	Observation 121384
Bailleur	162991	gris	1923	Polus 126947	Kagnotte 90409
Bailleur	164720	gris-foncé	1923	Recteur 135313	Section 140029
Bailli	160385	gris-tr.-cl.	1923	Relevant 133297	Noueille 115494
Bailli	162996	noir	1923	Stimulant 137850	Gaillarde 87572
Bailli	164722	noir-zain	1923	Maquis 110284	Kopélie 96693
Bailliager	160387	gris	1923	Relevant 133297	Mélia 109377
Baîllon	160386	bai-brun	1923	Sanderling 136440	Coquine 63507
Baîllon	162998	noir-zain	1923	Stimulant 137850	Noceta 115439
Baillon	164265	noir	1923	Sillé 139709	Officine 122921
Baîllon	164723	gris-foncé	1923	Maquis 110284	Novale 117491
Baillot	164266	noir	1923	Sillé 139709	Perplexe 125503
Bailly	164267	gris	1923	Pilon 127251	Qualque 131489
Bain	161451	gris-tr.-f.	1923	Thomas 141023	Urgente 148681
Bain	163000	noir	1923	Sartilly 138747	Quarra 130738
Bain	164268	noir	1923	Sillé 139709	Rétentrice 135693
Bain	164724	gris-foncé	1923	Maquis 110284	Manne 109589
Baïram	163001	noir	1923	Quissac 130271	Scorie 138522
Baïram	164726	gris-foncé	1923	Nérac 112728	Plaque 128459
Baisemain	160390	noir	1923	Mylord 107421	Oreillette 122015
Baisemain	163002	noir	1923	Névrosé 113735	Lèvre 103273
Baisemain	164728	gris-tr.-f.	1923	Maquis 110284	Marquise 111152
Baiser	161534	gris-fer-f.	1923	Trognon 141660	Nitouche 117822
Baissier	160388	noir	1923	Raynouard 133959	Papéine 126961
Baissier	163005	noir	1923	Stimulant 137850	Naturelle 115621
Baissier	164729	gris-f.-r.	1923	Ravignan 136302	Pile 128590
Bajazet	162165	gris	1923	Soupirail 137701	Laviorne 97820
Bajazet	164270	noir-m.t.z	1923	Sillé 139709	Qualita 130099
Bajocien	160391	gris	1923	Téléphone 142061	Nichée 112837
Bajocien	163008	gris	1923	Stimulant 137850	Perrière 127058
Bajocien	164730	gris	1923	Ravignan 136306	Rétine 136165
Baker	164274	noir-zain	1923	Sillé 139709	Maternelle 109861
Bakou	164276	gris	1923	Mercy 105783	Pendeloque 128128
Bal	160110	gris	1923	Pélissier 126603	Rogne 133795
Bal	161526	gris-c-d-m	1923	Thomas 141023	Mazeppa 109682
Balabun	161304	gris	1923	Simbleau 136949	Quoronale 130558
Baladin	160525	gris-foncé	1923	Téléphone 142061	Renardière 133119
Baladin	161552	gris-fer	1923	Radeau 134903	Parque 127610
Baladin	163013	noir-zain	1923	Stimulant 137850	Nécrologie 115666
Baladin	163098	gris	1923	Quétupa 129570	Ligue 100070
Baladin	163410	noir	1923	Québec 131267	Madère 107922
Baladin	164732	gris	1923	Maquis 110284	Immanente 82542

NOM	N°	ROBE	Naissance	PÈRE	MÈRE
Balafré	160526	gris-foncé	1923	Téléphone 142061	Rusée 133028
Balafré	163014	gris	1923	Mylord 107421	Kava 95371
Balafré	164733	noir	1923	Nicobar 118452	Marmotte 111148
Balai	160326	gris	1923	Quaduc 129371	Juive 85389
Balai	160527	gris	1923	Téléphone 142061	Rambarde 132876
Balai	163019	noir	1923	Stimulant 137850	Paulette 127065
Balais	160533	gris	1923	Solognot 137612	Squille 137807
Balan	160528	gris	1923	Téléphone 142061	Tôlerie 141232
Balan	164739	noir	1923	Ravignan 136302	Ulcération 149581
Balancier	160535	noir	1923	Sanderling 136440	Rosace 134702
Balancier	161554	noir	1923	Thomas 141023	Outrageante 123296
Balancier	164740	noir	1923	Ravignan 136302	Quirielle 132579
Balandard	160886	noir	1923	Treignac 142130	Gironde 98337
Balandran	163024	gris	1923	Mylord 107421	Combette 62857
Balandras	160536	gris	1923	Solognot 137612	Tyrienne 142164
Balandras	164741	gris	1923	Obstructif 120705	Secrète 140027
Balant	160537	gris-clair	1923	Lichas 98731	Uraète 145649
Balant	163030	bai-brun	1923	Quarteron 128953	Nèthe 112585
Balant	164743	gris-tr.-f.	1923	Teck 144406	Pochette 128597
Balaô	160768	gris	1923	Saleux 139360	Qosse 129158
Balard	162166	gris	1923	Tablier 142345	Lacave 98754
Balard	164280	noir	1923	Stokolme 138147	Réplique 132954
Balaruc	164282	noir	1923	Truc 140852	Ourdie 120831
Balast	160446	gris	1923	Pélissier 126603	Mandoline 105325
Balata	162517	noir	1923	Treignac 142130	Marinette 108633
Balaton	162167	gris	1923	Tablier 142345	Lure 98825
Balaton	164284	gris	1923	Romand 135963	Nouille 111621
Balayeur	161555	noir	1923	Radeau 134903	Nacrée 117768
Balayeur	164744	gris-rouan	1923	Maquis 110284	Orgelette 123805
Balbin	162170	gris-clair	1923	Receveur 133074	Kompote 93124
Balbin	164285	noir-m.-t.	1923	Thomas 141023	Tablette 143235
Balboa	162172	gris-clair	1923	Ouistreham 120076	Mitraille 106848
Balboa	164286	gris-foncé	1923	Lutécien 102720	Madeira 111054
Balbus	162177	noir	1923	Lichas 98731	Même 105150
Balbus	164288	gris	1923	Tyroglyphe 143987	Navarette 118270
Balbutier	164745	noir	1923	Ravignan 136302	Ulmaire 149592
Balbutieur	160541	noir	1923	Sébastopol 137245	Redite 133166
Balbuzard	160406	gris	1923	Stimulant 137850	Mayô 108408
Balbuzard	163031	gris	1923	Stimulant 137850	Navette 115641
Balbuzard	164746	noir	1923	Maquis 110284	Ulite 149586
Balcan	160407	gris	1923	Quarteron 128953	Paine 126902
Balcon	163032	noir-zain	1923	Stimulant 137850	Olargue 122432
Balcon	163099	noir	1923	Relevant 133297	Mascotte 109040
Balcon	164747	noir	1923	Tangage 143312	Quinoline 132581
Baldaquin	160411	noir	1923	Sanderling 136440	Clarisse 129333

NOM	N°	ROBE	Naissance	PÈRE	MÈRE
Baldaquin	162562	gris	1923	Sang 136446	Noyade 144458
Baldaquin	163034	noir	1923	Quarteron 128953	Tiède 141282
Baldaquin	164748	gris-foncé	1923	Tobol 144205	Niniche 118195
Baleineau	164749	gris	1923	Strasbourg 139864	Ouaille 122570
Baleinier	160412	gris-clair	1923	Raynouard 133959	Suspente 138407
Baleinier	164750	gris-rouan	1923	Trochu 144305	Jonchère 87869
Balfour	162181	noir	1923	Sang 136446	Ianina 81129
Balfour	164291	noir	1923	Pectiné 124801	Ouste 123523
Bali	164292	gris-bleu	1923	Keris 93769	Orvale 123215
Balide	163618	noir	1923	Quasi 128865	Peluche 124733
Baliseur	163040	gris	1923	Succès 137926	Tessonnière 142468
Baliseur	164751	gris-rouan	1923	Trochu 144305	Moque 108897
Balisier	164752	gris-rouan	1923	Trochu 144305	Stratonice 139256
Baliveau	160465	gris-foncé	1923	Sabarat 139316	Patsèche 125332
Baliveau	161474	gris-c.d.m	1923	Quaïman 129648	Umbrine 148698
Baliveau	163039	gris	1923	Succès 137926	Olivette 122440
Baliveau	164754	gris-vin.	1923	Tatou 144392	Morphine 110748
Baliverne	160775	gris	1923	Temps 140932	Uilerie 144964
Balkis	162182	gris	1923	Sang 136446	Numulite 113604
Balladin	162146	noir	1923	Tablier 142345	Quarrare 132756
Ballant	164755	gris-foncé	1923	Tullier 143918	Minerve 104892
Ballast	160622	noir	1923	Ténia 140572	Tarte 140273
Ballast	163042	gris	1923	Stimulant 137850	Question 131145
Ballast	164756	gris-foncé	1923	Teck 144406	Liseron 104354
Balleroy	164298	gris	1923	Trophonius 144319	Quarante 132630
Ballet	160625	gris	1923	Simbleau 136949	Parasélène 124471
Ballet	164760	noir	1923	Obstructif 120705	Osmonde 123813
Ballon	160136	gris	1923	Saleux 139360	Udora 146829
Ballon	160505	noir	1923	Souvenons 136704	Outrage 120638
Ballon	160626	gris-clair	1923	Simbleau 136949	Ormille 119316
Ballon	161470	gris-fer-f.	1923	Quaïman 129648	Soumise 139951
Ballon	162930	gris	1923	Névrosé 113735	Greffe 72822
Ballon	163048	noir	1923	Quarteron 128953	Lampe 103279
Ballon	164762	noir	1923	Maquis 110284	Néva 118156
Ballonneau	164765	gris	1923	Ravignan 136302	Neigeuse 116884
Ballot	160467	gris-fer-f.	1923	Pélissier 126603	Quand-Même 130002
Ballot	160631	noir-l.-r.	1923	Simbleau 136949	Kif-Kif 92999
Ballot	161409	gris	1923	Trognon 141660	Narquoise 116307
Ballot	164766	gris	1923	Teck 144406	Union 149809
Ballotin	163050	gris	1923	Mylord 107421	Rasade 135175
Ballotin	164767	noir	1923	Tatou 144392	Japie 88847
Ballu	162192	gris	1923	Tablier 142345	Ossète 121293
Balmoral	161743	noir	1923	Taquin 140673	Loranthe 101090
Balmoral	162195	noir	1923	Tablier 142345	Héberge 78124
Balmoral	163551	gris	1923	Tandem 140645	Mignonne 84525

NOM	N°	ROBE	Naissance	PÈRE	MÈRE
Balnéaire	160553	gris	1923	Trappon 143649	Périlleuse 128181
Balnéaire	163051	noir	1923	Mylord 107421	Rareté 135172
Balourd	160632	noir	1923	Séducteur 137280	Piverte 125619
Balourd	161497	noir	1923	Quaïman 129648	Olympiade 122491
Balourd	163052	noir-zain	1923	Stimulant 137850	Nivelette 115809
Balourd	164768	gris-fer	1923	Teck 144406	Nubile 118139
Balsamier	160635	bai	1923	Ouistreham 120076	Kalorie 90653
Balsamier	163056	noir	1923	Sanderling 136440	Lécheuse 103282
Balsamier	164769	gris-foncé	1923	Teck 144406	Sirène 139938
Baltar	163552	bai chât.	1923	Tandem 140645	Gentille 84524
Balthazar	161113	gris-tr.-f.	1923	Trapèze 140424	Perche 125335
Balthazar	162196	noir	1923	Tablier 142345	Théodora 141970
Balthazar	163092	bai-foncé	1923	Sion 139143	Ludion 102361
Balthazar	163555	gris	1923	Saosnois 138835	Moissine 108788
Baluchon	160275	noir	1923	Sorcier 136545	Préfète 124901
Balustre	161380	gris-fer-f.	1923	Placet 125968	Ogresse 122474
Balustre	163059	gris	1923	Torfou 142773	Simarre 136953
Balzac	160369	noir	1923	Sanderling 136440	Orphie 119334
Balzac	162198	noir	1923	Tablier 142345	Rolandière 134421
Balzac	163106	noir	1923	Sion 139143	Urtication 144584
Balzac	163558	gris	1923	Tandem 140645	Rixe 134636
Balzan	163066	gris	1923	Mordicant 110698	Poperinghe 127309
Balzan	164770	gris	1923	Teck 144406	Impudique 82785
Bambin	160646	noir	1923	Sanderling 136440	Rosale 134701
Bambin	161215	gris	1923	Nyctalope 113635	Jaspe 84186
Bambin	161325	al.-br.-r.	1923	Quaduc 129371	Kavalière 91215
Bambin	161393	gris	1923	Séquoia 137376	Brigade 63205
Bambin	163067	noir	1923	Kalot 92507	Patiente 127080
Bambin	164771	gris-foncé	1923	Maquis 110284	Natte 118144
Bambocheur	160648	gris	1923	Lichas 98731	Manchette 107672
Bambocheur	161627	noir-rub.	1923	Triolet 141391	Jonglerie 84894
Bambocheur	164773	gris	1923	Ravignan 136302	Obole 123801
Bambou	160072	gris-foncé	1923	Sablon 136420	Quenouillée 129978
Bambou	160650	noir	1923	Téléphone 142061	Thériacale 141255
Bambou	161324	gris-foncé	1923	Quaduc 129371	Téléphonie 140531
Bambou	162529	noir	1923	Receveur 133074	Hachette 76335
Bambou	163070	gris	1923	Remonteur 134855	Incrustante 81550
Bambou	163421	noir	1923	Québec 131267	Mathilde 107918
Bambou	164774	noir	1923	Recteur 135313	Sauvagesse 140024
Bamboula	164354	gris-vin.	1923	Polonais 125998	Niquette 118613
Bamboula	164775	gris-foncé	1923	Ravignan 136302	Rachel 134974
Ban	160546	gris	1923	Sablon 136420	Rozinette 133799
Banal	160596	gris	1923	Sabarat 139316	Kutira 92228
Banal	160651	noir	1923	Receveur 133074	Narine 112806
Banal	160744	gris	1923	Trappon 143649	Macta 100082

NOM	N°	ROBE	Naissance	PÈRE	MÈRE
Banal	163071	gris	1923	Kalot 92507	Gibetière 71801
Bananier	160654	noir	1923	Ouistreham 120076	Puinée 126503
Bananier	163074	gris	1923	Kalot 92507	Nouméa 116451
Banat	160655	noir	1923	Lichas 98731	Tauride 142236
Banat	163076	noir	1923	Kalot 92507	Truchère 142709
Banat	163559	gris	1923	Magellan 106095	Quiète 128894
Banc	160656	noir	1923	Quirat 128885	Kalmia 92420
Banc	160815	noir-zain	1923	Médisant 105527	Lorraine 102631
Banc	163077	gris	1923	Kalot 92507	Rasse 135185
Bancal	160657	noir	1923	Tablier 142345	Liouville 98768
Bancal	161412	noir	1923	Quaïman 129648	Majolique 111026
Bancal	163078	gris	1923	Négligent 112708	Patte 127996
Bancal	164776	gris	1923	Ravignan 136302	Sénatrice 140012
Banco	160658	gris	1923	Tablier 142345	Oualéga 121307
Banco	161088	noir-zain	1923	Stimulant 137850	Norine 118707
Banco	162199	gris	1923	Tablier 142345	Maltose 105503
Banco	163080	noir	1923	Négligent 112708	Maurelle 109901
Banco	163093	noir-zain	1923	Sexto 137450	Hirondelle 76962
Banco	163560	noir	1923	Saosnois 138835	Numa 115157
Bandeau	160661	noir-zain	1923	Receveur 133074	Jonchères 86314
Bandeau	163081	noir	1923	Négligent 112708	Rapide 134975
Bandeau	164780	noir	1923	Tullier 143918	Tigresse 144472
Bandello	163563	noir	1923	Ouleux 121183	Serpolette 139109
Bandereau	160662	noir	1923	Receveur 133074	Mobilité 106862
Banderiller	163086	gris	1923	Pilon 127251	Maille 107105
Banderillero	164781	noir	1923	Nicobar 118452	Normande 118175
Bandini	163564	noir	1923	Quissac 130271	Pilule 127023
Bandit	160599	noir	1923	Sapor 138736	Kastille 89871
Bandoulier	163087	gris	1923	Négligent 112708	Quartésienne 131597
Bandreur	161413	noir-zain	1923	Quaïman 129648	Palatine 126612
Banian	160663	gris	1923	Polus 126947	Lyssa 103195
Banian	163090	noir	1923	Torfou 142773	Reptation 133678
Banian	164782	gris	1923	Tullier 143918	Muscade 111232
Baniot	160143	gris	1923	Tictac 140979	Quabane 129049
Banjo	160664	gris	1923	Polus 126947	Grivette 72982
Banjo	163122	noir-zain	1923	Pilon 127251	Hirondelle 87798
Banjo	164783	noir	1923	Maquis 110284	Tarentelle 143324
Banneret	161468	gris-foncé	1923	Rorqual 135998	Odorante 122530
Banneret	163126	gris-vin.	1923	Pilon 127251	Tangage 142928
Banneret	164784	gris-foncé	1923	Servilly 139658	Passion 128602
Banneton	160666	gris	1923	Polus 126947	Laurie 102141
Banneton	164792	gris-fer	1923	Tobol 144205	Moyette 109441
Banni	164788	gris-rouan	1923	Lutécien 102720	Olympie 123416
Banoin	163137	noir	1923	Mordicant 110698	Lamarche 100518
Banon	160665	noir	1923	Quissac 130271	Numidie 115164

NOM	N°	ROBE	Naissance	PÈRE	MÈRE
Banon	163129	gris-fer	1923	Sombacour 139758	Redingote 135341
Banon	164789	gris	1923	Thomas 141023	Nullité 112248
Banquet	160667	gris-rouan	1923	Konstat 95797	Lacaille 100494
Banquet	161433	gris	1923	Placet 125968	Ops 122508
Banquet	163131	bai	1923	Konstat 95797	Malandre 106003
Banquier	160668	noir	1923	Pantin 124490	Liante 99717
Banquier	164790	gris-foncé	1923	Strasbourg 139864	Qualandre 131443
Banvin	160671	noir	1923	Mordicant 110698	Kopieuse 94983
Banvin	164791	gris-foncé	1923	Tobol 144205	Okazion 120494
Baobab	160672	noir	1923	Turquin 142152	Lisette 104159
Baobab	162300	gris	1923	Pélissier 126603	Kognac 92698
Baobab	163138	gris-vin.	1923	Supérieur 137000	Pairesse 127649
Baobab	164793	bai-brun	1923	Tambourin 143299	Quenelle 132574
Bapaume	163566	gris	1923	Quissac 130271	Kola 95418
Bapeaume	164376	gris	1923	Polonais 125998	Rueuse 134490
Baptême	161485	gris-fer	1923	Séquoia 137376	Ugalde 148729
Baptiste	160061	gris-foncé	1923	Séducteur 137280	Touffe 141574
Baptiste	160107	gris	1923	Treignac 142130	Nature 113086
Baptiste	160725	gris-foncé	1923	Triadou 142667	Sortie 138221
Baptiste	161225	noir	1923	Rongetout 133602	Ovale 119574
Baptiste	161267	gris-foncé	1923	Taquin 140673	Hugoline 146701
Baptiste	162298	gris	1923	Sablon 136420	Pigalle 125090
Baptiste	163140	gris-foncé	1923	Kalot 92507	Pervenche 126943
Baptiste	163404	noir	1923	Québec 131267	Nanette 115391
Baptiste	164643	gris	1923	Quoiffeur 130263	Kissme 97190
Baptiste	164794	gris-vin.	1923	Strasbourg 139864	Julia 88800
Baptistin	161489	alezan	1923	Placet 125968	Jahel 88719
Baque	161194	gris	1923	Séducteur 137280	Grossegerbe 70201
Baquet	160673	gris-foncé	1923	Remisier 133326	Saturnie 136895
Baquet	161486	gris-fer	1923	Radeau 134903	Mairesse 111098
Baquet	163141	noir	1923	Supérieur 137000	Furia 63745
Baquet	164796	gris	1923	Tribur 144284	Savane 139987
Bar	160073	gris-foncé	1923	Tictac 140979	Gazelle 69920
Bar	160441	gris	1923	Pélissier 126603	Kita 94067
Bar	161177	gris	1923	Séducteur 137280	Schabraque 137200
Bara	162202	gris-clair	1923	Tablier 142345	Résonance 133731
Bara	163567	noir	1923	Polus 126947	Ostiaque 122346
Barabbas	161646	gris-rouan	1923	Séducteur 137280	Rosette 75244
Barachois	160675	noir	1923	Supérieur 137000	Pomponne 125366
Barachois	163146	noir	1923	Névrosé 113735	Qualame 131438
Baragouin	160676	noir	1923	Remonteur 134855	Seine 138830
Baragouin	161491	gris clair	1923	Séquoia 137376	Païenne 127592
Baragouin	161536	gris-fer	1923	Neuilly 112606	Madrure 111081
Baragouin	163148	bai-foncé	1923	Névrosé 113735	Mimosa 110552
Barail	163570	gris	1923	Névrosé 113735	Khiva 95413

NOM	N°	ROBE	Naissance	PÈRE	MÈRE
Barail	163572	gris	1923	Quissac 130271	Kita 95420
Baralipton	163149	bai-marr.	1923	Névrosé 113735	Olympe 121601
Baratier	162207	gris	1923	Tablier 142345	Hermione 98167
Baratier	163573	gris	1923	Polus 126947	Javotte 86865
Baratton	160678	noir	1923	Stimulant 137850	Insipide 82876
Baratton	163152	noir	1923	Néflier 111919	Menuiserie 110415
Baratton	164800	gris	1923	Thomas 141023	Lauria 104626
Barbanier	160986	gris	1923	Quadricycle 128838	Maurelle 106452
Barbara	160677	gris-foncé	1923	Quargo 131244	Muscinée 110877
Barbara	164801	gris-foncé	1923	Lutécien 102720	Sarbacane 140047
Barbare	160463	gris-fer	1923	Souvenons 136704	Rusée 133810
Barbare	160700	noir	1923	Reynal 132841	Orignie 120742
Barbare	161480	gris	1923	Séquoia 137376	Négligent 117762
Barbarin	160957	gris	1923	Quaduc 129371	Goguette 97129
Barbaro	162208	noir	1923	Soupirail 137701	Konfite 93567
Barbaro	163577	gris	1923	Polus 126947	Quatremère 131107
Barbault	163154	gris-foncé	1923	Névrosé 113735	Judaïque 84619
Barbeau	160336	noir	1923	Temps 140932	Rizée 133132
Barbeau	160680	noir	1923	Ouistreham 120076	Reconduite 133147
Barbeau	161119	gris	1923	Quaduc 129371	Noiseraie 112256
Barbeau	162286	gris	1923	Tendant 140559	Piana 125283
Barbeau	164803	gris-foncé	1923	Quaïman 129648	Quenotte 132609
Barbebleue	161424	gris	1923	Séquoia 137376	Talmonde 143225
Barbedienne	161189	gris	1923	Séducteur 137280	Lutine 99085
Barberousse	161434	gris-fer-f.	1923	Réceptif 133075	Laudative 104689
Barbès	162209	gris	1923	Tablier 142345	Surcostale 138003
Barbès	163581	gris	1923	Névrosé 113735	Sustentation 138498
Barbet	160170	gris-foncé	1923	Trinôme 141528	Mire 106327
Barbet	160681	noir	1923	Quirat 128885	Ovale 122183
Barbet	161436	noir	1923	Quaïman 129648	Palestre 127525
Barbet	163161	gris-fer	1923	Névrosé 113735	Pirna 127258
Barbet	164804	gris	1923	Radeau 134903	Séductrice 140077
Barbeyer	164806	noir	1923	Teck 144406	Ormessa 123817
Barbichon	160344	noir	1923	Terreau 140590	Judicature 84618
Barbichon	160445	gris	1923	Pélissier 126603	Numa 111889
Barbichon	160682	gris-foncé	1923	Remonteur 134855	Saturne 138770
Barbichon	161217	noir	1923	Turgot 141541	Perruche 125350
Barbichon	161440	noir	1923	Trognon 141660	Malchance 111103
Barbichon	163164	gris-cend.	1923	Névrosé 113735	Jupille 88147
Barbichon	164809	noir-zain	1923	Ravignan 136302	Peluche 128620
Barbier	161023	gris	1923	Taquin 140673	Rigolette 133312
Barbier	162210	gris	1923	Tablier 142345	Talonnette 140261
Barbier	163163	gris-foncé	1923	Névrosé 113735	Polka 53560
Barbier	164810	noir-m.-t.	1923	Ravignan 136302	Herminne 97721
Barbillon	160319	gris	1923	Tralala 143618	Oseraie 119190

NOM	N°	ROBE	Naissance	PÈRE	MÈRE
Barbillon	161024	gris	1923	Taquin 140673	Castille 54393
Barbillon	161443	noir	1923	Quaïman 129648	Okrida 121848
Barbillon	163165	alezan-a.	1923	Névrosé 113735	Joueuse 86904
Barbillon	164811	gris-foncé	1923	Tatou 144392	Modica 111171
Barbin	161098	bai-zain	1923	Régisseur 133257	Lima 101006
Barbitos	163167	gris-foncé	1923	Néflier 111919	Négligence 113694
Barbitos	164812	gris-foncé	1923	Tatou 144392	Nerveuse 118182
Barbon	161025	gris	1923	Saumur 136404	Oursine 119854
Barbon	161134	gris	1923	Rouleau 134450	Mouquère 68500
Barbon	164813	gris	1923	Teck 144406	Réclusion 136168
Barbot	164815	gris	1923	Teck 144406	Ombrette 122968
Barbotan	163588	noir	1923	Névrosé 113735	Jonchée 86843
Barboteur	160332	gris	1923	Temps 140932	Mutuelle 105392
Barboteur	163169	gris-cend.	1923	Mordicant 110698	Nodale 116038
Barboteur	164814	gris-foncé	1923	Teck 144406	Orientation 123829
Barbotin	163175	gris-foncé	1923	Négligent 112708	Ilisette 97017
Barbotin	164816	noir	1923	Teck 144406	Galère 97717
Barbouillage	161579	gris-vin.	1923	Lutécien 102720	Marbrerie 110297
Barbouilleur	161575	gris-fer-f.	1923	Tugny 142721	Pantomine 127464
Barbouilleur	164817	gris	1923	Teck 144406	Réclame 136169
Barbu	160494	gris-foncé	1923	Sorcier 136545	Lady 97914
Barbu	160518	gris-foncé	1923	Sorcier 136545	Piave 125275
Barbu	160602	noir-zain	1923	Sabarat 139316	Syrie 137091
Barbu	163177	gris-vin.	1923	Mordicant 110698	Quacahuète 131351
Barbu	163408	noir	1923	Québec 131267	Quintette 131271
Barbu	164818	gris-foncé	1923	Teck 144406	Nada 116303
Barbui	160093	gris-rouan	1923	Treignac 142130	Liane 103018
Barca	162215	noir-m.-t.	1923	Tablier 142345	Ouargla 121308
Barclay	163589	noir	1923	Mordicant 110698	Girone 98385
Bard	161030	gris	1923	Simbleau 136949	Navarine 111765
Bard	164820	gris	1923	Tatou 144392	Ramure 136285
Barda	160562	gris	1923	Nyctalope 113635	Lamproie 97862
Barda	161118	gris	1923	Surdos 140045	Résure 134035
Barda	161228	bai	1923	Trescheur 141763	Lamaserie 100600
Bardeau	161031	noir	1923	Terreau 140590	Noceuse 113203
Bardeau	164821	gris-très-f.	1923	Teck 144406	Ravaude 136283
Bardet	160096	gris	1923	Treignac 142130	Leucate 103009
Bardeur	161032	noir	1923	Terreau 140590	Terreuse 140599
Bardeur	164823	noir	1923	Nicobar 118452	Piastre 127736
Bardin	162324	gris	1923	Pélissier 126603	Ronce 135970
Bardit	161035	noir	1923	Téléphone 142061	Uriage 145368
Bardit	163184	gris-foncé	1923	Néflier 111919	Mandarine 107678
Bardit	164825	noir	1923	Tranchet 143627	Ondulée 123864
Bardon	161227	gris	1923	Turço 141540	Macta 107065
Bardot	161036	noir	1923	Téléphone 142061	Ollioule 122261

NOM	N°	ROBE	Naissance	PÈRE	MÈRE
Bardot	164827	gris-fer	1923	Tranchet 143627	Sièze 139696
Bardou	163590	gris	1923	Mordicant 110698	Quade 131101
Barély	163591	noir	1923	Névrosé 113735	Lève 104146
Barême	161388	gris-fer	1923	Neuilly 112606	Koraline 97266
Barème	162325	gris	1923	Pélissier 126603	Loufoche 99145
Barenton	163595	noir-zain	1923	Mordicant 110698	Uscinée 147493
Barentz	163599	noir	1923	Néflier 111919	Sylvine 138580
Barère	163600	gris-clair	1923	Névrosé 113735	Onde 121647
Barfleur	163601	gris	1923	Névrosé 113735	Sabarande 138479
Bargé	163584	gris	1923	Polus 126947	Plesse 127054
Bari	163602	gris-vin.	1923	Mordicant 110698	Guimbarde 69035
Baricaut	161037	noir	1923	Quarteron 128953	Gaffe 93399
Baricaut	163188	noir	1923	Kalot 92507	Nanterre 116509
Baricaut	164828	noir	1923	Target 144040	Quorsée 132284
Baril	160437	gris-foncé	1923	Pélissier 126603	Idalie 80919
Baril	161039	gris	1923	Téléphone 142061	Navarraise 112977
Baril	161221	gris	1923	Turco 141540	Toute 141637
Baril	161510	noir	1923	Thomas 141023	Nictation 114970
Baril	163189	noir	1923	Négligent 112708	Tandrée 142752
Baril	164829	gris-rouan	1923	Trembley 144261	Nonvue 117991
Barillet	161040	noir	1923	Sanderling 136440	Millième 108411
Barillet	161522	gris-fer-f.	1923	Lutécien 102720	Tirade 143245
Barillet	164830	gris	1923	Target 144040	Journalière 87510
Barilleur	164831	noir	1923	Trembley 144261	Oublie 122571
Barillon	161135	gris	1923	Sauteur 137147	Qlarinette 129928
Barillon	162218	noir	1923	Téléphone 142061	Nageuse 114012
Barillon	163603	noir	1923	Mordicant 110698	Paquerette 65351
Bariolage	161527	gris-vin.	1923	Lutécien 102720	Toiture 143248
Barjac	163604	noir	1923	Mordicant 110698	Marée 110319
Barka	161178	noir	1923	Séducteur 137280	Relâche 133285
Barlett	162518	noir	1923	Treignac 142130	Homélie 98340
Barlong	164836	gris	1923	Trembley 144261	Querelle 132620
Barlotte	160264	noir	1923	Sorcier 136545	Qazie 129666
Barlow	163630	gris-clair	1923	Quaïman 129648	Montagne 110664
Barnabé	160153	noir	1923	Temps 140932	Sauterelle 136499
Barnabé	162284	noir	1923	Trappon 143649	Qarantaine 130244
Barnabé	163634	gris-rouan	1923	Radeau 134903	Sardoine 139077
Barni	162220	gris-clair	1923	Téléphone 142061	Sublimité 137913
Barni	163636	noir	1923	Konstat 95797	Kastille 97588
Barnison	160193	noir	1923	Temps 140932	Inversion 80589
Barnum	160340	gris-foncé	1923	Saleux 139360	Quirelle 129980
Barnum	161013	gris	1923	Simbleau 136949	Trigeminée 141845
Barnum	162329	gris	1923	Saumur 136404	Spiroïdale 137777
Barnum	162338	noir	1923	Tablier 142345	Olette 121206
Barnum	163639	gris-foncé	1923	Sédillot 138826	Relevée 135423

NOM	N°	ROBE	Naissance	PÈRE	MÈRE
Baroco	161042	gris	1923	Sanderling 136440	Tornéa 142082
Baroco	163193	noir-zain	1923	Kalot 92507	Porée 127313
Baroco	164838	gris	1923	Tranchet 143627	Nérolienne 118395
Baroda	163635	gris-foncé	1923	Toy 142796	Kaïnite 92415
Baromètre	161044	gris	1923	Téléphone 142061	Naplitaine 112794
Baromètre	162305	noir	1923	Quadricycle 128838	Kapitule 90764
Baromètre	163197	noir	1923	Kalot 92507	Ithaque 97117
Baromètre	164841	gris	1923	Tyroglyphe 143987	Nation 118241
Barométrique	162326	gris	1923	Pélissier 126603	Nirette 111895
Baron	161043	gris	1923	Sanderling 136440	Orangerie 121979
Baron	161138	gris	1923	Turgot 141541	Konvulsion 93632
Baron	162204	gris	1923	Lichas 98731	Lanterne 97759
Baron	163194	noir	1923	Néflier 111919	Minute 110581
Baron	163641	gris-foncé	1923	Quaïman 129648	Kharkof 96181
Baron	164846	gris-foncé	1923	Target 144040	Nacorelle 118390
Baronnet	161046	noir	1923	Lichas 98731	Tequanto 140484
Baronnet	163196	noir-zain	1923	Néflier 111919	Oméga 121623
Baronnet	164847	gris	1923	Trissotin 144296	Ouainville 123737
Baroque	164848	gris	1923	Trissotin 144296	Merellie 104813
Barrabas	163569	gris	1923	Polus 126947	Mouette 108319
Barras	163643	gris-clair	1923	Téméraire 143053	Rapsodie 134931
Barratier	160807	gris-foncé	1923	Pélissier 126603	Nance 114105
Barreau	161047	gris-t.cl.v	1923	Triennat 141840	Orobanche 119322
Barreau	161528	gris-fer f.	1923	Lutécien 102720	Option 122555
Barreau	163198	gris-cend.	1923	Névrosé 113735	Tonnerre 142762
Barreau	164850	gris-rouan	1923	Trissotin 144296	Outre 123771
Barrès	162333	gris	1923	Relevant 133297	Mariane 107634
Barrès	163644	gris-foncé	1923	Toy 142796	Quartida 131693
Barrette	161050	noir	1923	Ouistreham 120076	Tabatière 140216
Barrette	164855	noir	1923	Pectiné 124801	Kabale 96411
Barreur	161052	gris-foncé	1923	Truc 140852	Jahde 98249
Barreur	163200	gris-foncé	1923	Néflier 111919	Gribiche 69170
Barreur	164851	noir	1923	Pectiné 124801	Naine 117533
Barrias	163645	gris-foncé	1923	Toy 142796	Rapine 134930
Barrit	163203	gris-foncé	1923	Névrosé 113735	Novelle 113646
Barrit	164853	gris-rouan	1923	Pectiné 124801	Noise 118402
Barroco	163204	gris-fer	1923	Névrosé 113735	Ourcq 122398
Barrois	163646	gris-foncé	1923	Toy 142796	Négresse 112144
Barry	162335	gris	1923	Relevant 133297	Prohibition 126353
Barry	163647	gris-foncé	1923	Toy 142796	Saltation 139085
Barsac	163649	gris-foncé	1923	Sédillot 138826	Kagoule 95476
Bart	162336	gris	1923	Relevant 133297	Melpomène 109349
Bart	163654	gris-foncé	1923	Radeau 134903	Hachette 77967
Bartet	163655	noir	1923	Radeau 134903	Olana 121789
Barthélemy	163657	noir	1923	Radeau 134903	Raflade 134869

NOM	N°	ROBE	Naissance	PÈRE	MÈRE
Barthez	163658	gris-foncé	1923	Rorqual 135998	Ombreuse 121786
Bartholdi	162340	gris	1923	Relevant 133297	Scientifique 138366
Bartholdi	163660	noir	1923	Radeau 134903	Péluse 127112
Baryton	161056	gris	1923	Lichas 98731	Quoalition 130847
Baryton	161364	gris-clair	1923	Relevant 133297	Mariane 109142
Baryton	162309	noir	1923	Receveur 133074	Solitude 137606
Baryton	163206	noir	1923	Supérieur 137000	Ondulée 121654
Baryton	163624	rouan	1923	Quasi 128865	Trieste 142081
Baryton	164856	gris	1923	Tyroglyphe 143987	Sarigue 140139
Baryum	163207	noir-zain	1923	Supérieur 137000	Timbale 48936
Baryum	164861	bai-brun	1923	Strasbourg 139864	Nabote 118307
Basané	163208	noir-zain	1923	Supérieur 137000	Ségura 138824
Basile	161125	gris	1923	Simbleau 136949	Kita 89856
Basile	163405	noir	1923	Québec 131267	Quichenotte 130753
Basile	163662	gris-foncé	1923	Titi 141717	Laceuse 102557
Basilic	161059	gris	1923	Tendant 140559	Quoutume 130631
Basilic	162251	gris	1923	Turgot 141541	Ouverture 121092
Basilic	163094	gris-clair	1923	Quinola 130134	Georgette 84308
Basilic	163210	gris-foncé	1923	Supérieur 137000	Jubilaire 88316
Basilic	164863	noir-zain	1923	Tobol 144205	Quinine 132555
Basin	161060	gris	1923	Téléphone 142061	Officière 120205
Basin	163211	gris-foncé	1923	Supérieur 137000	Ida 79111
Basin	164864	noir	1923	Strasbourg 139864	Sape 140114
Basion	163212	noir	1923	Supérieur 137000	Selborne 138833
Basion	164868	noir	1923	Trochu 144305	Ottava 123959
Basochien	161061	noir-zain	1923	Sanderling 136440	Mulote 107034
Basochien	163215	gris-foncé	1923	Titus 141139	Régente 135377
Basochien	164870	gris-tr.-f.	1923	Trissotin 144296	Krapsie 97703
Basquin	164877	gris	1923	Trophonius 144319	Kardina 96756
Bassan	163666	gris-foncé	1923	Sédillot 138826	Pamoison 126598
Bassano	163669	gris-foncé	1923	Sédillot 138826	Quérémonie 131703
Basselin	163672	noir-zain	1923	Titi 141717	Nageoire 116749
Basset	161063	gris	1923	Lichas 98031	Sélection 136924
Basset	163216	gris-fer	1923	Supérieur 137000	Gastille 104745
Basset	163226	noir-zain	1923	Néflier 111919	Nuclée 114990
Basset	164871	noir	1923	Trissotin 144296	Lirette 104551
Bassigny	163673	noir	1923	Ouleux 121183	Finette 84539
Bassin	161064	noir	1923	Lichas 98731	Notre 114284
Bassin	161392	noir-zain	1923	Neuilly 112606	Lande 101200
Bassin	162252	gris-clair	1923	Sauteur 137147	Ouvraison 121094
Bassin	163227	gris-foncé	1923	Néflier 111919	Narcose 114313
Bassin	164874	gris	1923	Tyroglyphe 143987	Nigrine 116952
Bassinet	161065	noir-zain	1923	Stimulant 137850	Quourpière 131016
Bassinet	161389	gris-foncé	1923	Quaïman 129648	Niche 117896
Bassinet	163230	noir	1923	Mordicant 110698	Négronde 116553

NOM	N°	ROBE	Naissance	PÈRE	MÈRE
Bassinet	164875	gris-foncé	1923	Maquis 110284	Lynche 104456
Basson	161066	noir	1923	Stimulant 137850	Rémoulade 133353
Basson	161391	gris-fer	1923	Neuilly 112606	Joyeuse 88687
Basson	163231	noir	1923	Négligent 112708	Omelette 121625
Basson	164878	gris-foncé	1923	Servilly 139658	Rapide 136223
Bastan	163675	noir	1923	Juste 85878	Tanière 142931
Baster	164883	gris-rouan	1923	Ratapoil 135870	Nature 118470
Bastiat	163678	gris-foncé	1923	Socialiste 136651	Qroustine 128808
Bastien	160323	gris-tr.-f.	1923	Souvenons 136704	Poirette 125149
Bastien	160459	gris-fer	1923	Souvenons 136704	Tondaille 141321
Bastien	162547	noir	1923	Sang 136446	Incivisne 81529
Bastien	163676	gris	1923	Juste 85878	Quintetta 131640
Bastin	163234	gris-foncé	1923	Tronchoy 142698	Ténébreuse 142628
Bastin	164885	gris-rouan	1923	Trophonius 144319	Hachette 97723
Basting	163236	gris-foncé	1923	Négligent 112708	Relique 133305
Bastingage	161471	noir	1923	Pitaud 128421	Servante 139033
Bastion	160246	gris-foncé	1923	Quaduc 129371	Uhlande 144942
Bastion	160299	gris	1923	Sorcier 136545	Rare 133592
Bastion	163235	noir	1923	Négligent 112708	Koquette 94996
Bataclan	160105	noir	1923	Treignac 142130	Malice 108622
Bataclan	160457	noir	1923	Souvenons 136704	Oseille 120000
Bataclan	160601	noir	1923	Titus 141139	Nana 111877
Bataclan	161071	gris	1923	Tablier 142345	Liesse 98745
Bataclan	162294	gris	1923	Pélissier 126603	Ménagère 105600
Bataclan	163119	gris-clair	1923	Sexto 137450	Quivola 129517
Bataclan	163240	gris-fer	1923	Kalot 92507	Nobre 116632
Bataclan	164891	gris	1923	Quompromis 132021	Sénergue 139588
Batailleur	160568	gris	1923	Trappon 143649	Labataille 99548
Batailleur	161216	noir	1923	Nyctalope 113635	Justice 85981
Batailleur	161472	noir	1923	Pitaud 128421	Silène 139034
Batailleur	163241	noir	1923	Négligent 112708	Ratatouille 135193
Batailleur	163616	noir	1923	Treignac 142130	Grisette 98334
Batailleur	164892	gris-foncé	1923	Ratapoil 135870	Saugette 140125
Bataillon	160101	gris	1923	Treignac 142130	Médaille 108606
Bataillon	160740	gris-foncé	1923	Torfou 142773	Sarthe 138082
Bataillon	161524	noir	1923	Quaïman 129648	Quenotte 131687
Bataillon	162293	noir	1923	Tréport 142647	Tyrce 141123
Bataillon	163242	bai	1923	Kalot 92507	Palante 126635
Bataillon	164893	gris-foncé	1923	Servilly 139658	Ordalie 123823
Batard	160165	gris-foncé	1923	Nyctalope 113635	Lichette 99101
Batard	161114	gris-tr.-f.	1923	Trapèze 140424	Quarte 129807
Batard	161550	gris	1923	Trognon 141660	Saponaire 139065
Bâtard	163245	gris-foncé	1923	Mordicant 110698	Impéritie 81913
Batardeau	160832	noir	1923	Névrosé 113735	Otrante 122357
Batardeau	163246	gris-foncé	1923	Mordicant 110698	Laperrière 103702

NOM	N°	ROBE	Naissance	PÈRE	MÈRE
Batardeau	164895	gris	1923	Trophonius 144319	Ogresse 123926
Batarnay	163681	gris	1923	Titi 141717	Karmen 95964
Bâté	160833	gris	1923	Névrosé 113735	Noironte 116647
Bateau	160781	gris-foncé	1923	Tictac 140979	Nolle 111865
Bateau	160836	gris	1923	Téléphone 142061	Pactole 126894
Bateau	161378	gris-fer	1923	Quaïman 129648	Némésis 117783
Bateau	162249	gris	1923	Trumeau 141489	Opilative 119194
Bateau	163248	noir	1923	Turquin 142152	Neyrolle 116603
Bateau	164896	gris-foncé	1923	Trophonius 144319	Juliange 87910
Batelage	160837	noir	1923	Téléphone 142061	Stramoine 137864
Batelet	160838	noir	1923	Téléphone 142061	Mastodite 109343
Batelet	163250	gris-fer	1923	Remisier 133326	Opposition 121707
Batelet	164898	noir	1923	Trophonius 144319	Tanière 144362
Bateleur	160839	gris cend.	1923	Sombacour 139738	Quapitane 129712
Bateleur	161573	gris-fer	1923	Quaïman 129648	Régionale 135387
Bateleur	163251	gris-foncé	1923	Remisier 133326	Kartine 94613
Batelier	160787	gris	1923	Ramoneur 133946	Onyze 120746
Batelier	161563	noir-zain	1923	Thomas 141023	Parure 127461
Batelier	163115	gris-foncé	1923	Sion 139143	Marthe 109020
Batelier	163252	noir	1923	Remisier 133326	Norte 113283
Batelier	164901	gris	1923	Régis 134284	Offignie 123563
Batflanc	160842	gris-foncé	1923	Titus 141139	Sauce 136897
Bath	160604	gris	1923	Sablon 136420	Pèpe 125431
Bathori	163684	noir	1923	Ouleux 121183	Pallice 126645
Bathurst	161257	noir	1923	Turgot 141541	Régule 133266
Bâti	163257	gris-fer	1923	Remisier 133326	Gironde 98388
Bâtier	160844	noir	1923	Névrosé 113735	Harmante 97140
Bâtier	163258	gris-foncé	1923	Torfou 142773	Nérite 114074
Batifoleur	160845	gris	1923	Saumur 136404	Kassure 91168
Batifoleur	163259	gris-foncé	1923	Mordicant 110698	Mouvette 110683
Batifoleur	164904	gris foncé	1923	Strasbourg 139864	Kalenda 96677
Bâtiment	160846	gris-tr.-f.	1923	Tendant 140559	Lactate 101662
Bâtisseur	163261	noir	1923	Mordicant 110698	Jérémiade 88245
Bâtisseur	164905	noir-zain	1923	Tambourin 143299	Panoplie 128694
Bative	161186	noir	1923	Séducteur 137280	Quassonnade 129855
Bâton	160727	gris	1923	Sapor 138736	Résille 133724
Baton	160785	gris	1923	Truc 140852	Tototte 140824
Bâton	160850	gris	1923	Quirat 128885	Olynthe 121226
Bâton	160936	noir	1923	Quintanar 129225	Goguette 73191
Baton	161595	gris c.d.m	1923	Radeau 134903	Licitation 104280
Bâton	162312	gris	1923	Rougetout 133602	Tactique 140460
Bâton	163262	gris-foncé	1923	Mordicant 110698	Quinteuse 129223
Bâton	164906	gris rouan	1923	Strasbourg 139864	Manille 104800
Bâtonnat	160851	noir	1923	Quirat 128885	Préopinante 126217
Batonnet	161483	gris-foncé	1923	Placet 125968	Lagune 104272

NOM	N°	ROBE	Naissance	PÈRE	MÈRE
Bâtonnet	163268	noir	1923	Nichet 147897	Quotissure 132314
Bâtonnier	160853	noir	1923	Saumur 136404	Orsova 119972
Batonnier	161487	gris-fer	1923	Séquoia 137376	Kavaïne 96072
Bâtonnier	164909	gris-fer	1923	Tribur 144284	Quinaude 132677
Batracien	162260	gris	1923	Quaduc 129371	Prêtrise 126270
Battage	160856	gris	1923	Ramoneur 133946	Quatalane 129870
Battant	161428	gris-tr.-f.	1923	Mulet 109450	Racoleuse 134883
Battement	161079	gris	1923	Sébastopol 137245	Orchidée 119395
Battement	161429	gris-foncé	1923	Mulet 109450	Quarte 131330
Batteur	161432	noir	1923	Mulet 109450	Pagaie 127555
Batteur	162250	gris	1923	Quaduc 129371	Pocharde 125526
Batteur	163273	gris-fer	1923	Supérieur 137000	Poterie 127702
Batteux	163687	noir	1923	Konstat 95797	Ianitza 79289
Battoir	160860	gris	1923	Séducteur 137280	Laconie 101131
Battoir	161384	gris-fer	1923	Tabis 142880	Liaison 104234
Batz	162346	gris	1923	Relevant 133297	Ombrie 119946
Batz	163689	noir	1923	Toy 142796	Garmante 98136
Batz	164918	alezan	1923	Tyroglyphe 143987	Quoquerie 132203
Bauchet	160289	gris-foncé	1923	Pélissier 126603	Quvilla 129987
Baucis	160797	gris	1923	Sapor 138736	Phrygie 125497
Baud	163690	gris-foncé	1923	Qrédit 130005	Karakoul 96061
Baudelaire	160259	gris foncé	1923	Souvenons 136704	Rachitique 133568
Baudelaire	163695	gris-clair	1923	Konstat 95797	Kossue 95831
Baudet	162599	bai-cerise	1923	Trémolo 142642	Roxane 134756
Baudin	162347	gris	1923	Relevant 133297	Quortone 130983
Baudin	163697	gris	1923	Toy 142796	Nacelle 116744
Baudirce	161538	gris-tr.-f.	1923	Lutécien 102720	Jacente 88942
Baudouin	161385	gris-tr.-f.	1923	Trélazé 142860	Oublieuse 122466
Baudouin	163698	noir	1923	Konstat 95797	Sorrente 139198
Baudrier	160863	noir-zain	1923	Ténia 140572	Kalypso 90911
Baudrier	162602	noir	1923	Torfou 142773	Hongroise 74007
Baudrier	164922	gris	1923	Kourlis 95894	Palade 128709
Baudry	162330	gris-clair	1923	Relevant 133297	Kassette 93041
Baudry	163699	gris-rouan	1923	Rorqual 135998	Patricienne 127598
Baugé	163700	noir	1923	Quaïman 129648	Galante 73181
Baulieu	162671	gris-foncé	1923	Sombacour 139758	Sensation 138893
Baulin	162722	gris-foncé	1923	Tronchoy 142698	Nomarchie 115828
Baume	161582	gris-fer-f.	1923	Tabis 142880	Partition 127469
Baume	162232	gris	1923	Tendant 140559	Quotepart 129255
Baumier	162603	gris-fer	1923	Pantin 124490	Qlochette 131831
Bausset	162355	gris-clair	1923	Relevant 133297	Quarantaine 12893[illegible]
Bausset	163704	noir	1923	Neuilly 112606	Plage 128437
Bautru	162358	bai-brun	1923	Relevant 133297	Nizerolle 114255
Bautru	163705	gris	1923	Radeau 134903	Mathilde 111015
Bavai	162357	bai-brun	1923	Relevant 133297	Neuve 114516

NOM	N°	ROBE	Naissance	PÈRE	MÈRE
Bavard	160470	alezan	1923	Reynal 132841	Invasion 78884
Bavard	160865	gris	1923	Saumur 136404	Orignolle 120029
Bavard	161286	noir	1923	Suceur 137935	Scolarité 137224
Bavard	161583	noir	1923	Trélazé 142860	Réjouissance 135409
Bavard	162607	noir	1923	Pilon 127251	Gazelle 56238
Bavardage	161571	noir	1923	Neuilly 112606	Régressive 135400
Bavarois	160869	gris-tr.-f.	1923	Téléphone 142061	Ramure 135118
Bavarois	161465	gris	1923	Séquoia 137376	Quolle 130000
Bavarois	162608	gris-foncé	1923	Pilon 127251	Lamproie 103642
Baveur	160764	gris	1923	Trappon 143649	Navaille 115224
Bavocheux	162614	gris-foncé	1923	Pilon 127251	Ozonéole 120474
Bavolet	160217	gris	1923	Quaduc 129371	Poupoule 125080
Bavolet	160872	gris	1923	Ouistreham 120076	Juliette 86189
Bavolet	161394	gris-fer	1923	Séquoia 137376	Passerelle 127535
Bavolet	162224	gris	1923	Sorcier 136545	Kampanie 90912
Bavolet	164924	gris	1923	Trophonius 144319	Tyrine 143998
Bayard	160066	gris	1923	Nyctalope 113635	Rognure 134239
Bayard	160353	gris	1923	Simbleau 136949	Sonde 137630
Bayard	160931	noir	1923	Ouleux 121183	Folette 75190
Bayard	161163	noir	1923	Séducteur 137280	Raguse 133703
Bayard	161173	gris	1923	Perturbateur 125648	Rêveuse 134101
Bayard	161396	gris-clair	1923	Séquoia 137376	Normalienne 117706
Bayard	162362	gris	1923	Tahure 141677	Spinelle 137768
Bayard	163109	gris-foncé	1923	Relevant 133297	Mode 109194
Bayard	163605	noir	1923	Québec 131267	Mariette 107906
Bayard	163703	gris-foncé	1923	Neuilly 112606	Robine 67158
Bayart	160873	bai-brun	1923	Quintanar 129225	Nidine 115308
Bayart	162617	gris-fer	1923	Supérieur 137000	Osuna 122347
Bayart	164925	gris	1923	Tyroglyphe 143987	Tranchefile 143629
Bayeur	160878	gris-fer	1923	Rongetout 133602	Quinzième 129184
Bayeur	162618	gris-foncé	1923	Pilon 127251	Rebattue 135249
Bayeur	164927	gris-foncé	1923	Tyroglyphe 143987	Nasarde 117562
Bayeux	160335	gris-foncé	1923	Ramoneur 133946	Unie 145480
Bayeux	162364	gris-clair	1923	Sapristi 137097	Pipette 126948
Bayeux	163706	gris-foncé	1923	Trognon 141660	Quaïdre 131644
Bayon	163708	gris-foncé	1923	Quaïman 129648	Sabretache 139030
Bayreuth	163711	gris	1923	Quaïman 129648	Jamaïque 88940
Bazar	160592	gris	1923	Sablon 136420	Malte 105916
Bazar	160769	gris	1923	Saleux 139360	Perlette 125441
Bazar	160880	noir	1923	Rongetout 133602	Ulalie 147149
Bazar	162310	noir	1923	Receveur 133074	Rectitude 133101
Bazar	162622	noir-zain	1923	Reynal 132841	Repentie 135603
Bazar	163114	noir	1923	Sexto 137450	Paquerette 126795
Bazar	163742	gris-foncé	1923	Radeau 134903	Ustion 149754
Bazar	164929	gris	1923	Kourlis 95894	Lentille 104494

NOM	N°	ROBE	Naissance	PÈRE	MÈRE
Bazard	162367	alezan-br.	1923	Raynouard 133959	Sabaye 136410
Bazard	163715	noir	1923	Radeau 134903	Parabole 127518
Bazas	163714	gris-foncé	1923	Neuilly 112606	Kama 96747
Bazile	161622	noir	1923	Taquin 140673	Garonne 71241
Bazin	160882	gris-foncé	1923	Taquin 140673	Oyante 119612
Bazin	162372	noir	1923	Sang 136446	Quourge 131007
Bazin	162625	noir	1923	Supérieur 137000	Quourcelle 131056
Bazin	163664	gris	1923	Maquis 110284	Poutrelle 128565
Bazin	163716	noir	1923	Quaïman 129648	Neuveville 116593
Bazin	164930	gris	1923	Trophonius 144319	Revue 135792
Bazzi	163826	gris	1923	Keris 93769	Orcanette 123124
Béalay	161958	gris-tr.-cl.	1923	Trescheur 141763	Jactance 84191
Béant	160883	gris	1923	Saumur 136404	Spinale 137766
Béant	162626	gris-fer	1923	Sowiet 138115	Négrière 116027
Béarn	163717	noir	1923	Quaïman 129648	Ornaie 121828
Béarnais	162627	gris-foncé	1923	Reynal 132841	Mirrha 106053
Béarnais	164933	noir	1923	Tyroglyphe 143987	Italia 96857
Béat	161397	noir	1923	Neuilly 112606	Hâtelle 77304
Beau	161145	noir	1923	Séducteur 137280	Risette 62120
Beau	162630	gris-foncé	1923	Reynal 132841	Quontorsion 13214[illegible]
Beau	163411	noir	1923	Québec 131267	Uranie 147853
Beau	164934	gris-rouan	1923	Trophonius 144319	Usucapion 149755
Beaucé	163209	noir	1923	Titus 141139	Triconville 142666
Beauceron	161155	gris	1923	Séducteur 137280	Lointaine 101065
Beauceron	162320	noir-zain	1923	Sorcier 136545	Récidive 133478
Beauceron	162632	alezan	1923	Reynal 132841	Lisière 104457
Beauchêne	162572	noir	1923	Quirat 128885	Ivette 98074
Beaudolé	161371	gris	1923	Névrosé 113735	Patache 127030
Beaufai	164353	gris-clair	1923	Soulignac 139825	Ophtalmie 123074
Beaufay	160819	noir	1923	Truc 140852	Pendule 125492
Beaufay	162941	gris	1923	Remisier 133326	Râpe 135144
Beaufort	161332	gris	1923	Thalweg 140873	Palanque 127656
Beaufort	162373	gris-foncé	1923	Téléphone 142061	Mascara 109403
Beaufort	163830	gris-foncé	1923	Pectiné 124801	Ninville 117424
Beaufour	161766	rouan	1923	Temps 140932	Menterie 105398
Beaugency	162375	gris-foncé	1923	Téléphone 142061	Nivéole 118718
Beaujeu	163832	gris	1923	Keris 93769	Quartelette 132733
Beaujolais	162376	noir	1923	Sang 136446	Lauracée 99609
Beaujon	163833	gris	1923	Régis 134284	Trépointe 143689
Beaulieu	160774	gris	1923	Saleux 139360	Uvette 146198
Beaulieu	162377	gris	1923	Sang 136446	Tyne 142326
Beaulieu	163072	gris	1923	Sanderling 136440	Tonga 142263
Beaulieu	163735	gris-foncé	1923	Tedzo 140341	Manique 110240
Beaumanoir	163835	gris	1923	Turbigot 141009	Laluette 99559
Beaumarchais	161334	gris-bleu	1923	Médisant 105527	Romane 135958

NOM	N°	ROBE	Naissance	PÈRE	MÈRE
Beaumarchais	163836	gris-foncé	1923	Targon 144038	Tamise 144014
Beaumontois	160187	noir	1923	Trinôme 141528	Oseille 119480
Beaupaire	164375	gris	1923	Santander 138727	Ivoire 81237
Beaupré	160659	noir-zain	1923	Tablier 142345	Herminie 75307
Beaupré	161405	gris	1923	Quaïman 129648	Sentinelle 138992
Beaupré	162635	gris-foncé	1923	Sowiet 138115	Louise 103464
Beaupré	164937	gris-foncé	1923	Recteur 135313	Nougatine 118201
Beaurepaire	162620	gris-foncé	1923	Sowiet 138115	Thierville 142511
Beauséjour	160159	gris-foncé	1923	Ramoneur 133946	Relapse 133289
Beausset	163837	gris	1923	Pectiné 124801	Ribette 135828
Beauté	160954	gris-foncé	1923	Quaduc 129371	Qualandre 129674
Beauvais	160864	gris-vin.	1923	Ornain 119960	Ordinatrice 119400
Beauvais	162651	gris-foncé	1923	Sédillot 138826	Ollina 121729
Beauvau	163838	gris-foncé	1923	Pectiné 124801	Ribote 135831
Beauveau	162381	gris-clair	1923	Relevant 133297	Quourtoise 131057
Bébé	160761	gris	1923	Médisant 105527	Rayure 133625
Bébé	161318	gris	1923	Sauteur 137147	Souvenance 137740
Bébé	161502	noir	1923	Quaïman 129648	Serinette 139032
Bébé	162636	gris-fer	1923	Sowiet 138115	Oudinote 120947
Bébé	163607	gris-foncé	1923	Québec 131267	Quittance 131270
Bébert	161148	gris	1923	Séducteur 137280	Piste 125948
Bec	160500	gris-foncé	1923	Ramoneur 133946	Marybette 105970
Bec	161493	gris-tr.-f.	1923	Placet 125968	Récompense 133143
Bécanard	161650	gris	1923	Quasi 128865	Reine 134227
Bécard	162311	gris	1923	Saumur 136404	Rapinette 133811
Bécard	162640	gris-fer	1923	Sowiet 138115	Novelle 116706
Bécard	164938	noir	1923	Ratapoil 135870	Lorgnette 104619
Bécarre	161558	noir-zain	1923	Tugny 142721	Précieuse 127344
Bécasseau	164941	gris	1923	Maquis 110284	Saucisse 140162
Bécassot	161651	gris	1923	Quasi 128865	Igname 90170
Becfigue	161561	noir	1923	Radeau 134903	Négresse 117746
Béchamel	161165	gris	1923	Séducteur 137280	Kanule 92877
Béchamel	162642	noir	1923	Pilon 127251	Objective 122783
Béchard	162643	noir	1923	Nichet 117897	Kasuelle 94908
Bêchelon	162644	gris-foncé	1923	Nichet 117897	Serpette 138655
Bêcheton	162647	gris-foncé	1923	Pantin 124490	Milanière 107482
Bêcheur	161181	gris	1923	Séducteur 137280	Rigueur 134171
Bêchoir	162649	gris-fer	1923	Toy 142796	Pimelle 126565
Bêchot	162650	gris-foncé	1923	Pilon 127251	Obsidienne 121387
Bécot	160337	noir	1923	Ramoneur 133946	Serpolette 136948
Bécot	161187	gris	1923	Séducteur 137280	Nagoya 112528
Bécot	162652	gris-foncé	1923	Sédillot 138826	Quaillasse 131418
Becquebois	161188	noir	1923	Séducteur 137280	Unanime 146691
Becquebois	162653	gris-cl.-v.	1923	Sombacour 139758	Notabilité 117036
Bedeau	161200	gris	1923	Séducteur 137280	Poirrade 125574

NOM	N°	ROBE	Naissance	PÈRE	MÈRE
Bedeau	161545	noir	1923	Quaïman 129648	Jambette 88737
Bedeau	162656	noir-zain	1923	Sowiet 138115	Nariskine 115983
Bedeau	164946	gris	1923	Quoin 131888	Pampa 127487
Bedon	161201	gris	1923	Turco 141540	Tournée 144616
Bédouin	161202	gris	1923	Turco 141540	Qlochette 130136
Bédouin	164949	gris-foncé	1923	Maquis 110284	Saucière 140158
Beethoven	163844	noir-rub.	1923	Régis 134284	Tribune 143713
Beffroi	161592	gris-fer	1923	Quaïman 129648	Toquade 143363
Beffroi	162660	gris-foncé	1923	Sowiet 138115	Rayure 135236
Beffroi	164950	noir	1923	Maquis 110284	Tartine 144409
Beffroy	161203	gris	1923	Séducteur 137280	Outrageuse 119547
Bégland	160095	gris-foncé	1923	Treignac 142130	Mignardise 107925
Bégonia	161204	noir	1923	Suceur 137935	Mascarille 107301
Bégonia	162661	gris-foncé	1923	Sowiet 138115	Locuste 103430
Begonia	163100	gris	1923	Relevant 133297	Margot 109135
Bégonia	164951	gris	1923	Ravignan 136302	Odessa 123368
Béguard	161205	gris	1923	Sedan 137277	Quasualité 129866
Béguard	164952	gris	1923	Ravignan 136302	Kelleba 97243
Béguin	161208	gris	1923	Séducteur 137280	Outrance 119552
Béguin	161544	noir-zain	1923	Radeau 134903	Nonciature 117752
Béguin	164954	gris-foncé	1923	Nicobar 118452	Julienne 88809
Béhanzin	160629	noir	1923	Receveur 133074	Suède 136667
Béhanzin	160829	gris-fer	1923	Pantin 124490	Jambe 84211
Beignet	161236	gris	1923	Trescheur 141763	Rachel 134534
Beignet	161466	gris-fer	1923	Séquoia 137376	Mainlevée 110161
Beignet	161542	gris-fer	1923	Radeau 134903	Nonnette 118164
Beignet	164955	bai-brun	1923	Maquis 110284	Lérida 104447
Beira	163843	gris clair	1923	Tressoir 143695	Kathargol 97230
Bel	160126	gris	1923	Temps 140932	Opetiote 119040
Bel	163686	gris	1923	Konstat 95797	Houblonnière 76040
Belair	162566	gris-clair	1923	Sang 136446	Kachemire 92448
Belami	160228	gris	1923	Nyctalope 113635	Historiette 74470
Bélénus	163849	gris-foncé	1923	Régis 134284	Quompassée 132000
Belfonds	164727	noir	1923	Ravignan 136302	Marâtre 111150
Belfort	160220	gris-foncé	1923	Nyctalope 113635	Loquèle 99873
Belfort	162387	noir-zain	1923	Stimulant 137850	Uranie 146626
Belgrade	160558	gris-fer	1923	Trappon 143649	Jurable 87335
Bélier	161242	noir	1923	Perturbateur 125648	Riolette 134510
Bélier	162665	gris-foncé	1923	Pilon 127251	Pétrone 127193
Bélier	163854	gris	1923	Polonais 125998	Touvre 144233
Bélier	164957	noir-zain	1923	Teck 144406	Kuita 96812
Belin	162389	noir	1923	Sanderling 136440	Souris 137069
Belisaire	160425	gris	1923	Pélissier 126603	Moulapipe 105882
Bélisaire	163855	gris	1923	Targon 144038	Peccadille 128049
Bélitre	161442	gris-clair	1923	Quaïman 129648	Légation 104312

NOM	N°	ROBE	Naissance	PÈRE	MÈRE
Bélître	162666	gris-foncé	1923	Pilon 127251	Pétra 127192
Bell	162390	noir	1923	Sanderling 136440	Rainille 132890
Bellac	162391	gris-clair	1923	Sanderling 136440	Ozokérite 122211
Bellac	163856	noir	1923	Targon 144038	Névrite 118536
Bellami	160346	gris-foncé	1923	Ténia 140572	Picturale 125741
Bellart	163858	gris-clair	1923	Targon 144038	Lucrèce 103954
Bellavilliers	164083	noir	1923	Médisant 105527	Marianne 107220
Bellay	163859	gris	1923	Sacy 139329	Pigoulière 128332
Belleau	162392	noir	1923	Quarteron 128953	Polka 126851
Belledent	160483	noir	1923	Sillé 139709	Oignonette 120610
Belleface	162203	gris-clair	1923	Tablier 142345	Libye 98742
Bellérophon	163862	gris	1923	Sacy 139329	Mamelue 110204
Belley	162394	noir	1923	Quarteron 128953	Serpentine 138337
Belliard	163863	gris-c.d.m	1923	Kourlis 95894	Parafe 127792
Belligérant	161253	noir	1923	Turgot 141541	Paponnette 125552
Bellini	162396	noir	1923	Téléphone 142061	Passerelle 126367
Bellini	163864	gris	1923	Servilly 139658	Quassette 131720
Belliqueux	161254	gris	1923	Séducteur 137280	Pote 126102
Béliqueux	161441	noir	1923	Radeau 134903	Magnificence 111105
Belliqueux	162668	gris-foncé	1923	Pilon 127251	Noisette 68204
Belliqueux	163418	noir	1923	Québec 131267	Pelote 126814
Bellot	161255	gris	1923	Turgot 141541	Pousseraie 125616
Bellot	162399	gris	1923	Téléphone 142061	Quourbette 131053
Bellot	162669	noir	1923	Sowiet 138115	Novare 117287
Bellot	163865	gris	1923	Servilly 139658	Novacelle 117489
Bellot	164958	noir	1923	Teck 144406	Mishella 111214
Bellou	161021	gris	1923	Terreau 140590	Quorvée 129388
Bellou	164635	gris	1923	Jaccoud 88477	Lingotière 103823
Belloy	163866	gris	1923	Ratapoil 135870	Manon 109590
Belluaire	161256	bai	1923	Turgot 141541	Novacelle 114545
Belluaire	162321	gris-tr.-f.	1923	Souvenons 136704	Sensation 136929
Belluaire	164959	gris-foncé	1923	Teck 144406	Lampée 104373
Belmont	163869	noir	1923	Ratapoil 135870	Régate 136313
Belot	163870	gris	1923	Servilly 139658	Huppe 77355
Belphégor	163873	noir	1923	Thomas 141023	Karacole 97489
Belt	163874	noir	1923	Servilly 139658	Nébuleuse 118321
Beluaire	160203	gris	1923	Tictac 140979	Menotte 105823
Bélus	162400	gris-clair	1923	Téléphone 142061	Pinsonette 125254
Bélus	163875	gris	1923	Quompromis 132021	Saze 139524
Belzoni	163878	gris	1923	Lutécien 102720	Ilia 98243
Bembo	162401	noir	1923	Téléphone 142061	Ourse 122151
Bembo	163879	noir	1923	Ratapoil 135870	Turnèbe 144337
Bémécourt	164547	noir	1923	Nérac 112728	Perthes 128508
Bémol	161261	gris	1923	Séducteur 137280	Révolution 134112
Bémol	164963	noir	1923	Teck 144406	Quenotte 132708

NOM	N°	ROBE	Naissance	PÈRE	MÈRE
Ben	161264	gris	1923	Turco 141540	Toxine 141646
Benedetti	163880	gris-foncé	1923	Radeau 134903	Utelle 149845
Benedicite	161439	gris-fer	1923	Radeau 134903	Outarde 123294
Benedict	161082	gris	1923	Quaduc 129371	Rive 134331
Bénédictin	164965	gris-rouan	1923	Tatou 144392	Nodosité 118455
Bénédik	160486	gris	1923	Sablon 136420	Quriositas 129560
Bénéfice	160200	gris-foncé	1923	Saleux 139360	Salique 136550
Bénéfice	161265	gris	1923	Sauteur 137147	Méclipse 108148
Bénéfice	161469	gris-clair	1923	Rorqual 135998	Illusion 82827
Bénévent	162405	noir-zain	1923	Raynouard 133959	Rablée 133494
Bengale	162543	gris	1923	Sang 136446	Pelote 126514
Bengale	164966	noir	1923	Tatou 144392	Odyssée 124042
Bengali	161271	gris	1923	Sauteur 137147	Nieulle 114228
Bengali	162678	gris-fer	1923	Pilon 127251	Labesnarderie 103607
Bénin	162679	gris-foncé	1923	Pilon 127251	Nymphe 115167
Bénin	163884	noir	1923	Pectiné 124801	Margarita 109611
Bénin	164968	gris	1923	Quoin 131888	Infante 80675
Bénisseur	161273	gris	1923	Turco 141540	Trille 141516
Bénissier	164740	bai-brun	1923	Rongetout 133602	Usante 146754
Benito	161081	gris	1923	Quaduc 129371	Riscle 134330
Benjamin	161214	gris	1923	Nyctalope 113635	Majorque 105909
Benjamin	161274	gris	1923	Turgot 141541	Kédente 90273
Benjamin	162680	noir	1923	Pilon 127251	Qualade 131435
Benjamin	163887	gris-foncé	1923	Keris 93769	Tringle 143761
Benjamin	164970	gris-fer	1923	Nicobar 118452	Rotonde 136266
Benjoin	160991	bai	1923	Trinôme 141528	Percée 124980
Benjoin	161597	noir	1923	Radeau 134903	Usbek 148730
Benjoin	162683	gris-foncé	1923	Pilon 127251	Nigritie 117238
Benoist	162205	gris	1923	Tablier 142345	Raclerie 134841
Benoît	161083	gris	1923	Quaduc 129371	Uvaursi 146794
Benoît	161279	noir	1923	Turgot 141541	Galipette 90145
Benoît	164973	noir	1923	Tatou 144392	Risette 136265
Benoni	160493	noir	1923	Reynal 132841	Kératite 96794
Benzaï	160630	noir	1923	Triennat 141840	Neuve 114197
Béotien	162685	gris-foncé	1923	Sombacour 139758	Loménie 103445
Béotien	164974	gris	1923	Obstructif 120705	Ronde 136234
Béotisme	161282	noir	1923	Turgot 141541	Lisière 100771
Béquignon	161126	gris	1923	Simbleau 136949	Pocheuse 125531
Béquillard	161283	gris	1923	Turgot 141541	Quasseuse 129851
Béquillon	161284	noir	1923	Séducteur 137280	Cabale 68671
Béquillon	162687	noir	1923	Remonteur 134855	Sirise 138679
Béquillon	164976	gris-tr.-f.	1923	Sedan 140175	Mystérieuse 111204
Ber	161285	gris	1923	Séducteur 137280	Quatadoupe 129869
Bérard	163891	gris	1923	Trébuchet 143660	Trinquette 143764
Bérat	162408	gris	1923	Succès 137926	Hautefeuille 73696

NOM	N°	ROBE	Naissance	PÈRE	MÈRE
Berbère	162222	gris	1923	Quaduc 129371	Taupière 140490
Berbéris	160892	noir-zain	1923	Quintanar 129225	Ogive 118867
Berbasson	161243	gris	1923	Turco 141540	Quame 129448
Bercail	160894	noir	1923	Sedan 137277	Jativa 85025
Bercail	161476	gris-fer-f.	1923	Réceptif 133075	Ukraine 149439
Berceau	161477	gris-fer	1923	Réceptif 133075	Tailleuse 143224
Bérenger	163892	noir-m.t.z	1923	Trébuchet 143660	Marie 109647
Berenice	164405	gris	1923	Quargo 131244	Molette 111368
Béret	160899	noir	1923	Ouistreham 120076	Malthe 105498
Berfay	162555	gris-foncé	1923	Sang 136446	Maquette 105072
Bergasse	160995	gris	1923	Trinôme 141528	Truite 140716
Berger	160620	gris	1923	Sabarat 139316	Pegmatite 124810
Berger	160905	gris-foncé	1923	Sanderling 136440	Turquie 142317
Berger	162693	gris-foncé	1923	Remonteur 134855	Igualada 82025
Berger	163895	gris	1923	Pectiné 124801	Inde 83217
Bergerac	162410	gris-tr.-cl.	1923	Succès 137926	Nuaison 115921
Bergerac	163896	gris	1923	Keris 93769	Paillarde 127634
Bergier	163897	gris-foncé	1923	Quompromis 132021	Trentaine 143687
Bergougnan	160461	gris-fer	1923	Sablon 136420	Ouze 120717
Béribéri	160906	gris-foncé	1923	Sanderling 136440	Kivala 95221
Béribéri	162694	noir-zain	1923	Pilon 127251	Phèdre 127207
Béribéri	164981	gris	1923	Tullier 143918	Serpolette 140195
Béring	163898	gris	1923	Keris 93769	Konidée 95779
Bériot	163899	gris-foncé	1923	Keris 93769	Ortive 123214
Bérit	161464	noir	1923	Quaïman 129648	Monoïque 110661
Berland	160739	noir	1923	Sapor 138736	Luronne 102740
Berlin	160567	gris-foncé	1923	Trappon 143649	Quache 129383
Berlin	162696	noir	1923	Pilon 127251	Impressionnable 82311
Berlin	163901	gris-foncé	1923	Sowiet 138115	Liaison 101884
Berlingot	160109	gris	1923	Ramoneur 133946	Ritoujours 132834
Berlingot	160523	gris-fer	1923	Tréport 142647	Raquette 133860
Berlingot	160697	noir	1923	Sapor 138736	Justifiante 85854
Berlingot	160907	gris	1923	Relevant 133297	Liaison 100041
Berlingot	162700	gris-fer	1923	Sombacour 139758	Repulsive 133684
Berlingot	164982	gris-rouan	1923	Nicobar 118452	Sagienne 140177
Berlioz	162421	noir	1923	Téléphone 142061	Ogive 122240
Berlioz	163903	gris	1923	Servilly 139658	Margot 98226
Berluche	160267	gris	1923	Souvenons 136704	Opérée 119257
Berlureau	160982	gris	1923	Sorcier 136545	Hottée 77130
Bernard	160909	gris-clair	1923	Relevant 133297	Reinette 63551
Bernard	161244	gris	1923	Ténia 140372	Indienne 90007
Bernard	162422	gris-tr.-f.	1923	Téléphone 142061	Quinéville 129004
Bernard	162704	gris-foncé	1923	Pilon 127251	Numide 116473
Bernard	164983	gris-foncé	1923	Tullier 143918	Saumonée 140171
Bernardin	160908	gris	1923	Relevant 133297	Paresseuse 126974

NOM	N°	ROBE	Naissance	PÈRE	MÈRE
Bernardin	162701	gris-fer	1923	Supérieur 137000	Occlusive 121409
Bernardin	163906	gris	1923	Lutécien 102720	Nazaréenne 116845
Bernaud	163904	noir-m.t.z	1923	Servilly 139658	Tahure 143784
Bernay	162428	gris	1923	Téléphone 142061	Olime 122262
Bernay	163905	gris	1923	Servilly 139658	Risette 135868
Berneur	160910	noir-zain	1923	Téléphone 142061	Striée 137879
Berneur	162705	gris-foncé	1923	Sombacour 139758	Charmante 64536
Berni	163907	noir-zain	1923	Tugny 142721	Rinçure 135871
Bernicle	160916	noir	1923	Tablier 142345	Ligue 98752
Bernier	162430	gris	1923	Tahure 141677	Ulcérative 145543
Bernier	163908	gris	1923	Lutécien 102720	Oseille 123225
Bernini	163910	noir-m.t.z	1923	Ratapoil 135870	Konnivence 95786
Bernis	163912	noir	1923	Quinaud 132720	Rioteuse 135873
Bernouilli	163913	gris-foncé	1923	Trélazé 142860	Orpin 123850
Bernuchon	160300	noir	1923	Sorcier 136545	Héglise 76541
Beroaldo	163916	gris-vin.	1923	Lutécien 102720	Négresse 117667
Berquin	162434	gris-tr.-f.	1923	Saumur 136404	Oriole 120035
Berquin	163917	gris	1923	Tabis 142880	Noblesse 117796
Berret	160904	rouan	1923	Raynouard 133959	Houleuse 98490
Berrichon	160709	noir	1923	Sowiet 138115	Canadienne 69138
Berrichon	160911	gris	1923	Névrosé 113735	Opérette 121681
Berrichon	162706	gris-foncé	1923	Pilon 127251	Koupe 95879
Berrichon	164984	gris-foncé	1923	Nicobar 118452	Nivelle 118447
Berruyer	163918	gris	1923	Titus 141139	Salutation 139056
Berry	162435	gris-foncé	1923	Saumur 136404	Perruse 126049
Berry	163925	gris-foncé	1923	Tobol 144205	Orélia 122965
Berryer	163922	gris-bleu	1923	Tribut 141806	Liane 104724
Bersaglier	160914	gris-fer	1923	Nichet 117897	Thine 142518
Bersaglier	162707	noir	1923	Pilon 127251	Kommune 95598
Bersaglier	164986	gris-fer	1923	Quoin 131888	Risette 136289
Bersot	162436	gris	1923	Saumur 136404	Thibaude 141264
Bersot	163924	noir	1923	Servilly 139658	Hyène 77453
Bert	162466	gris	1923	Ténia 140572	Métastase 107788
Berthelot	162467	noir	1923	Ténia 140572	Tarbe 142212
Berthelot	163929	gris	1923	Servilly 139658	Rizette 134535
Berthet	163930	gris-foncé	1923	Quompromis 132021	Palette 128684
Berthollet	163931	gris	1923	Sérum 136999	Saubole 139453
Berthoud	163932	gris	1923	Sérum 136999	Neyron 117409
Bertillon	162442	noir	1923	Lichas 98731	Kalaurie 90883
Bertin	162444	noir	1923	Sanderling 136440	Nouveauté 112893
Bertin	163613	gris-fer	1923	Japon 84819	Petite 128777
Berton	162446	noir	1923	Ouistreham 120076	Nickléine 114383
Berton	163936	gris	1923	Quompromis 132021	Once 123023
Bertrand	160290	noir	1923	Souvenons 136704	Préfixe 125125
Bertrand	161623	gris	1923	Taquin 140673	Pipelette 125836

NOM	N°	ROBE	Naissance	PÈRE	MÈRE
Bertrand	162450	gris	1923	Ouistreham 120076	Orogénie 121014
Béryl	162709	gris-foncé	1923	Supérieur 137000	Tranne 142820
Berzélius	162453	bai	1923	Sanderling 136440	Réduction 133175
Berzélius	163939	gris	1923	Nichet 117897	Mascotte 109664
Besacier	160918	noir	1923	Lichas 98731	Notice 113613
Besacier	162711	gris-fer	1923	Supérieur 137000	Philadelphie 127215
Besançon	160438	gris-foncé	1923	Pélissier 126603	Ondura 120575
Besançon	163940	gris	1923	Turbigot 141009	Nigata 116400
Besant	162712	noir	1923	Mordicant 110698	Ségeste 138815
Besas	160922	gris	1923	Saumur 136404	Norique 112753
Besas	162715	noir	1923	Supérieur 137000	Philinte 127221
Besenval	162460	noir	1923	Ouistreham 120076	Urobiline 145021
Bési	162716	gris-foncé	1923	Tronchoy 142698	Toulouzette 142591
Bésigue	160923	gris	1923	Sanderling 136440	Naffe 112780
Bésigue	162717	gris-foncé	1923	Tronchoy 142698	Jaen 83556
Bésigue	164989	noir	1923	Teck 144406	Nuance 118133
Besogneux	164425	noir	1923	Réceptif 133075	Négation 116872
Basoin	161495	gris-clair	1923	Radeau 134903	Union 149448
Bessarion	162458	gris	1923	Saumur 136404	Table 142180
Bessarion	163942	gris-foncé	1923	Turbulent 143938	Olivaie 122962
Bessin	163947	gris-foncé	1923	Turbigot 141009	Trente 144267
Besson	162725	gris-foncé	1923	Pantin 124490	Tourgéville 142602
Besson	164990	noir-zain	1923	Teck 144406	Indécise 82746
Bessus	162459	gris-tr.-f.	1923	Ouistreham 120076	Quorde 130516
Bessus	163949	gris	1923	Quompromis 132021	Trotte 143856
Bêta	162726	noir	1923	Pantin 124490	Lisette 98374
Bétel	160928	alezan-cl.	1923	Simbleau 136949	Tonsure 140394
Bétel	162728	gris-clair	1923	Tronchoy 142698	Tourelle 142599
Béthune	160067	gris-clair	1923	Quompromis 132021	Orcanète 123126
Bétis	162461	gris-tr.-f.	1923	Saumur 136404	Narquoiserie 114005
Bétis	163951	gris	1923	Turbigot 141009	Rocaille 135930
Bétoire	162730	gris-foncé	1923	Tahure 141677	Synode 138078
Bétol	162295	gris	1923	Saumur 136404	Sape 137095
Béton	161322	gris	1923	Rongetout 133602	Iquique 81444
Béton	162731	gris-foncé	1923	Sapor 138736	Lapse 104604
Béton	164991	noir	1923	Quoin 131888	Lorraine 104627
Betting	161331	noir	1923	Perturbateur 125648	Castille 58689
Betting	162736	gris-foncé	1923	Pantin 124490	Tiflis 142018
Betting	164992	gris-foncé	1923	Quoin 131888	Judith 96981
Betz	163952	gris	1923	Romand 135963	Solesme 139746
Beubou	161598	gris-tr.-f.	1923	Rabelais 134913	Inde 82428
Beuchot	162462	noir	1923	Quirat 128885	Quoquille 130504
Beugnot	162463	gris-foncé	1923	Rongetout 133602	Io 81435
Beugnot	163955	noir	1923	Trélazé 142860	Ouralienne 123285
Beslé	162465	gris-tr.-cl.	1923	Ténia 140572	Kouette 92640

NOM	N°	ROBE	Naissance	PÈRE	MÈRE
Beulé	163956	gris	1923	Tugny 142721	Lepture 101858
Beurrier	161337	gris-clair	1923	Téléphone 142061	Nicole 115413
Beurrier	162582	gris	1923	Sang 136446	Pulpe 126516
Beuveau	161338	noir	1923	Téléphone 142061	Saisissable 138428
Beuvron	162468	gris-tr.-f.	1923	Téléphone 142061	Moise 106584
Beuvron	163957	gris	1923	Tabis 142880	Navicule 117615
Bexon	162472	noir	1923	Téléphone 142061	Table 140217
Bexon	163958	gris-bleu	1923	Lutécien 102720	Quoque 132192
Beylik	161339	gris	1923	Relevant 133297	Larme 101417
Beyrouth	163960	alezan	1923	Lutécien 102720	Trompe 143832
Bézain	160490	noir-zain	1923	Sapor 138736	Pline 125252
Bézeff	160303	gris-foncé	1923	Sorcier 136545	Primitive 126297
Béziers	162469	gris	1923	Téléphone 142061	Usure 145742
Béziers	163961	gris-bleu	1923	Thomas 141023	Luna 104479
Bézoard	161340	gris-foncé	1923	Tronchoy 142698	Pictes 124971
Bézoard	164993	gris	1923	Quoin 131888	Ritournelle 136291
Biais	161341	noir	1923	Tronchoy 142698	Samarie 138710
Biala	162473	gris-foncé	1923	Téléphone 142061	Napolitaine 114028
Biard	162475	noir-zain	1923	Ténia 140572	Quambuse 129447
Biard	162606	noir	1923	Titus 141139	Mésologie 110455
Biard	163964	gris	1923	Thomas 141023	Omessa 121733
Biarritz	163965	gris	1923	Thomas 141023	Tudesque 143909
Biat	161767	gris	1923	Trinôme 141528	Jérygne 85817
Bibelot	161287	gris	1923	Triennant 141840	Ignatie 79692
Bibelot	163120	noir	1923	Sexto 137450	Oligarchie 121593
Bibeloteur	161288	gris	1923	Trescheur 141763	Sottise 137657
Bibendum	160809	gris	1923	Néflier 111919	Rosa 133292
Biberon	160209	gris-foncé	1923	Tictac 140979	Tumagasse 140758
Biberon	160946	gris	1923	Quaduc 129371	Thériaque 140422
Biberon	161289	gris	1923	Trescheur 141763	Quontinente 130430
Bibesco	163968	gris-vin.	1923	Lutécien 102720	Rivièrette 135907
Bibi	160511	noir	1923	Tralala 143618	Uppe 144595
Bibion	161290	noir-zain	1923	Rongetout 133602	Jumenteuse 85132
Bibulus	162476	gris	1923	Ténia 140572	Richesse 134320
Bibulus	163970	gris	1923	Quaïman 129648	Pendarde 128127
Bicêtre	162482	noir	1923	Triennat 141840	Quinoléïne 129168
Bichara	160420	gris	1923	Souvenons 136704	Krinoline 90558
Bichat	162477	noir	1923	Simbleau 136949	Laringite 100117
Bichat	163972	gris-bleu	1923	Tugny 142721	Jainvillotte 88413
Bichet	161292	gris	1923	Trescheur 141763	Tamise 140455
Bichet	162742	gris-foncé	1923	Torfou 142773	Ligurienne 103363
Bichet	164996	noir	1923	Quoin 131888	Krista 96697
Bichof	161293	gris	1923	Sauteur 137147	Oxforde 119852
Bichof	162743	gris-foncé	1923	Pantin 124490	Nonuple 115849
Bichon	160277	noir	1923	Souvenons 136704	Uzutte 145074

NOM	N°	ROBE	Naissance	PÈRE	MÈRE
Bichon	160579	noir	1923	Titus 141139	Qrochette 129709
Bichon	160735	gris-foncé	1923	Sapor 138736	Octi 120799
Bichon	161296	gris	1923	Trescheur 141763	Lignite 99812
Bichon	161458	gris-clair	1923	Séquoia 137376	Ramille 134889
Bichon	162744	gris-foncé	1923	Tronchoy 142698	Rasière 135182
Bichon	164999	gris-rouan	1923	Tullier 143918	Pelure 127737
Bicipital	162746	gris-fer	1923	Trémolo 142642	Octostyle 121481
Bicolore	162747	gris-foncé	1923	Trémolo 142642	Quilymène 130293
Bicorne	161300	gris	1923	Turgot 141541	Mourre 106996
Bicot	160474	gris-vin.	1923	Sapor 138736	Quorvette 129116
Biction	161149	gris	1923	Séducteur 137280	Pistache 125947
Bida	163973	noir	1923	Tugny 142721	Perche 128165
Bidard	160688	gris	1923	Polonais 125998	Idole 82500
Bidas	160616	gris-foncé	1923	Ramoneur 133946	Nitouche 111622
Bident	162748	gris-fer	1923	Tronchoy 142698	Irrésolue 79260
Bidet	161307	noir	1923	Trescheur 141763	Konséquence 91564
Bidet	162750	noir	1923	Pilon 127251	Recoupette 135299
Bidon	160806	gris-foncé	1923	Quaduc 129371	Sucrette 138021
Bidon	160958	gris	1923	Quaduc 129371	Herminette 74795
Bidon	162751	noir-zain	1923	Pilon 127251	Quaféière 131394
Bief	162752	noir	1923	Pilon 127251	Novatrice 115906
Biéla	163974	noir-m.-t.	1923	Quaïman 129648	Méandre 109684
Biélostok	163977	gris-bleu	1923	Lutécien 102720	Péotte 128152
Bien	162758	gris-foncé	1923	Remonteur 134855	Sancerre 138721
Bienfaisant	162231	gris	1923	Tendant 140559	Nomologie 115838
Bienfait	160641	gris	1923	Tendant 140559	Orvée 120531
Bienfait	160695	noir	1923	Sapor 138736	Brillante 62853
Bienvenu	160919	gris-clair	1923	Tablier 142345	Ignorante 79684
Biez	162762	gris-foncé	1923	Sowiet 138115	Neutralité 116378
Bifteck	162764	gris-foncé	1923	Sowiet 138115	Quâlinerie 131471
Bigarré	160983	gris	1923	Nyctalope 113635	Trineuse 140712
Bigarré	162766	gris-fer	1923	Sowiet 128115	Mie 110516
Bigarreau	161342	gris-clair	1923	Trappon 143639	Rufisque 134343
Bigarreau	162767	noir-zain	1923	Tillot 142740	Malentente 109804
Bigle	162768	gris-foncé	1923	Sapor 138736	Périchole 127144
Bignon	162483	gris	1923	Rongetout 133602	Quarcasse 129773
Bignon	163579	gris-clair	1923	Névrosé 113735	Limoise 102198
Bigorneau	161346	bai	1923	Pilon 127251	Torse 141370
Bigorneau	162773	gris-foncé	1923	Tronchoy 142698	Oxydie 120534
Bigorneau	165000	gris-foncé	1923	Quein 131888	Lavande 104366
Bigorno	164356	gris	1923	Santander 138727	Nymphe 118541
Bigot	162487	noir-zain	1923	Simbleau 136949	Oursine 119846
Bigot	162775	noir	1923	Supérieur 137000	Odeur 121493
Bigot	163978	gris	1923	Trélazé 142860	Perceuse 128167
Bigoudi	160314	noir	1923	Quaduc 129371	Rubis 133594

NOM	N°	ROBE	Naissance	PÈRE	MÈRE
Bigoudi	161348	gris-foncé	1923	Supérieur 137000	Méduse 106506
Bigoudi	162227	gris	1923	Sablon 136420	Javanaise 85645
Bigoudi	162776	gris-foncé	1923	Tronchoy 142698	Octuple 121484
Bigue	160940	gris	1923	Sorcier 136545	Ulme 144907
Bihoreau	160941	noir	1923	Trinôme 141528	Parlote 124543
Bihoreau	162777	noir	1923	Supérieur 137000	Karotide 94872
Bijou	162515	noir	1923	Sedan 137277	Trappe 141705
Bijou	162779	gris-foncé	1923	Sapor 138736	Synthèse 138629
Bijou	163622	gris	1923	Spancourt 139925	Trente 142080
Bijou	165004	gris rouan	1923	Quoin 131888	Téterelle 144456
Bijoutier	161106	noir	1923	Trinôme 141528	Nauflette 114177
Bijoutier	162785	gris-fer	1923	Supérieur 137000	Notabilité 115866
Biko	160158	gris-foncé	1923	Ramoneur 133946	Ucade 146189
Bilan	162788	gris	1923	Trévilly 142649	Quamerlingue 131519
Bilan	165005	noir	1923	Quoin 131888	Piquette 128733
Bilaud	161127	gris	1923	Sauteur 137147	Sidérurgie 137478
Bilbao	162488	noir	1923	Simbleau 136949	Ourthe 119845
Bilbao	163980	gris-vin.	1923	Lutécien 102720	Igname 98241
Bilboquet	160284	noir	1923	Souvenons 136704	Oyée 120007
Bilboquet	160955	noir	1923	Nyctalope 113635	Nempêchepas 113346
Bilboquet	162490	gris-clair	1923	Simbleau 136949	Pivoine 125966
Bilboquet	162789	noir	1923	Tréyilly 142649	Quarrure 131591
Bilboquet	163981	noir	1923	Quompromis 132021	Lausanne 102888
Bilboquet	165006	noir	1923	Quoin 131888	Impériale 96976
Bilieux	160956	gris	1923	Quaduc 129371	Soutane 137736
Bilieux	162793	noir	1923	Sapor 138736	Olkatte 120748
Billard	160062	gris	1923	Séducteur 137280	Quomode 129832
Billard	160818	gris	1923	Néllier 111919	Qlairière 131791
Billard	160959	gris	1923	Trinôme 141528	Favorie 57452
Billard	161162	noir	1923	Séducteur 137280	Lamette 100609
Billard	161234	gris	1923	Trescheur 141763	Quaverne 129905
Billard	162276	gris	1923	Sauto 139489	Oseraie 121036
Billard	162790	gris-foncé	1923	Trévilly 142649	Quanne 131568
Billaud	163983	gris	1923	Turbigot 141009	Résingle 135655
Billeau	161174	gris	1923	Séducteur 137280	Kambelle 90349
Billet	160960	gris	1923	Trinôme 141528	Tincvelle 141836
Billet	162794	noir	1923	Sapor 138736	Lypémanie 102758
Billion	162797	gris-fer	1923	Sapor 138736	Sagette 138196
Billon	160098	gris	1923	Treignac 142130	Valseuse 65579
Billon	161006	gris	1923	Souvenons 136704	Ouste 121076
Billon	162791	noir-zain	1923	Mordicant 110698	Quannaie 131567
Billot	161007	gris	1923	Souvenons 136704	Kause 91198
Billot	161175	gris	1923	Séducteur 137280	Oblongue 118766
Billot	162792	gris-foncé	1923	Sapor 138736	Pétra 125022
Bilston	163986	gris	1923	Quompromis 132021	Ligne 104213

NOM	N°	ROBE	Naissance	PÈRE	MÈRE
Bimbelot	161008	noir	1923	Souvenons 136704	Motrocité 106960
Bimbelot	162800	gris-foncé	1923	Pilon 127251	Ozette 120950
Binant	160968	noir	1923	Simbleau 136949	Quike 129394
Binar	161232	gris	1923	Taquin 140673	Toxicité 141644
Bineau	162493	noir	1923	Triennat 141840	Souricière 137726
Bineau	163987	gris	1923	Trophonius 144319	Opiacée 123075
Binet	162494	gris-clair	1923	Nyctalope 113635	Tribu 141802
Binet	162804	gris-foncé	1923	Sombacour 139758	Saturnale 136893
Binet	163989	gris-clair	1923	Quompromis 132021	Kiev 96404
Binet	165009	noir	1923	Quinaud 132720	Kora 97285
Binettier	160999	gris	1923	Quaduc 129371	Messe 105586
Bineur	162806	noir	1923	Remonteur 134855	Lascie 101188
Biniou	160981	gris	1923	Quaduc 129371	Triennale 141823
Biniou	161628	gris	1923	Perturbateur 125648	Uzèche 146677
Biniou	162807	gris fer	1923	Sombacour 139758	Lamousse 103713
Biniou	165010	gris-foncé	1923	Servilly 139658	Saveuse 139505
Binocle	160263	noir-zain	1923	Nyctalope 113635	Oxydable 121117
Binocle	160737	gris-foncé	1923	Sapor 138736	Pluviose 125416
Binocle	161630	gris	1923	Perturbateur 125648	Irma 90174
Binoir	162809	noir-zain	1923	Pilon 127251	Seille 138829
Binot	161641	gris	1923	Rongetout 133602	Préville 125372
Binot	162812	noir	1923	Mordicant 110698	Nématoïde 113712
Bion	161654	gris-foncé	1923	Sedan 137277	Rixdale 134218
Bion	162813	gris-foncé	1923	Titus 141139	Reculée 135328
Bion	163990	gris	1923	Quompromis 132021	Troublante 143859
Biot	161158	noir	1923	Séducteur 137280	Herminie 98040
Biot	163994	gris	1923	Quompromis 132021	Normandie 117274
Biovulé	161655	noir	1923	Rouleau 134450	Jaffa 85462
Bipède	160640	noir	1923	Pélissier 126603	Recherche 133787
Biquet	160783	gris	1923	Tictac 140979	Igazol 80897
Biquet	161657	noir	1923	Séducteur 137280	Panacée 125568
Biquet	162814	gris-foncé	1923	Titus 141139	Plata 127271
Biresco	162480	noir	1923	Simbleau 136949	Natale 112646
Biret	160278	noir	1923	Souvenons 136704	Prestesse 126245
Biribi	160327	gris-fer	1923	Souvenons 136704	Négresse 113698
Biribi	160451	noir	1923	Souvenons 136704	Ostéine 120437
Biribi	160524	noir	1923	Souvenons 136704	Sinette 136884
Biribi	161659	noir	1923	Séducteur 137280	Kabylie 90326
Biribi	162561	gris	1923	Sang 136446	Quadrivalve 128853
Biribi	162815	noir	1923	Supérieur 137000	Kervenice 95254
Biribi	165011	gris-foncé	1923	Servilly 139658	Idole 98239
Birloir	162817	gris-foncé	1923	Tillot 142740	Ozonisation 121134
Birloir	165012	noir	1923	Ratapoil 135870	Rayure 136188
Biron	160213	gris-foncé	1923	Nyctalope 113635	Sanie 136576
Biron	160610	aubère	1923	Pélissier 126603	Ope 120569

NOM	N°	ROBE	Naissance	PÈRE	MÈRE
Biron	162497	noir	1923	Succès 137926	Nosologie 113571
Biron	163992	gris	1923	Trophonius 144319	Lettré 101864
Bis	161192	noir	1923	Turgot 141541	Quassine 129852
Bisaccia	161128	gris	1923	Trinôme 141528	Septante 137358
Bisannuel	161663	gris	1923	Sedan 137277	Mine 107855
Biscaien	160286	noir	1923	Souvenons 136704	Quratine 128933
Biscaïen	162297	gris	1923	Quadricycle 128838	Mare 105679
Biscaïen	162818	gris-foncé	1923	Sowiet 138115	Quamisole 131520
Biscaïen	165013	gris	1923	Recteur 135313	Koranelle 97261
Biscornu	161664	gris	1923	Sedan 137277	Piteuse 125908
Biscornu	162821	gris-fer	1923	Sombacour 139758	Sartine 138760
Biscotin	160252	gris-foncé	1923	Quaduc 129371	Magnésie 105614
Biscotin	161665	noir	1923	Sedan 137277	Lamousse 100986
Biscotin	163277	gris-foncé	1923	Tabis 142880	Sévigné 138929
Biscotin	165014	gris-foncé	1923	Servilly 139658	Livrée 102564
Biscuit	160803	gris-vin.	1923	Sablon 136420	Panonnie 125476
Biscuit	161666	gris	1923	Trinôme 141528	Mardelle 108022
Biscuit	162291	gris-foncé	1923	Quadricycle 128838	Rosâtre 134390
Biscuit	163280	alezan	1923	Supérieur 137000	Quape 131173
Biscuit	165016	gris	1923	Recteur 135313	Réaction 136187
Biseau	163282	gris-foncé	1923	Sowiet 138115	Sénonaise 138886
Biset	163285	gris-foncé	1923	Nichet 117897	Oeillère 121880
Bishof	160969	noir	1923	Rouleau 134450	Klairière 91046
Biskra	160260	gris-foncé	1923	Sorcier 136545	Hécube 76839
Biskra	160334	gris-foncé	1923	Ramoneur 133946	Nuque 112369
Biskra	160542	noir	1923	Treignac 142130	Margot 59059
Biskra	161224	gris	1923	Turco 141540	Quavité 129907
Biskra	163993	gris	1923	Servilly 139658	Impasse 82843
Bismarck	162498	gris	1923	Succès 137926	Servinière 137979
Bismarck	163998	gris foncé	1923	Turbigot 141009	Nécropsie 117637
Bismark	161218	noir	1923	Simbleau 136949	Komprise 93125
Bismark	162538	noir	1923	Téléphone 142061	Jussion 86328
Bismuth	161134	gris	1923	Séducteur 137280	Robuste 134093
Bismuth	161180	noir	1923	Séducteur 137280	Insulte 78662
Bismuth	161668	gris	1923	Séducteur 137280	Nabothe 114576
Bismuth	163286	gris-foncé	1923	Nichet 117897	Oeuvre 121881
Bison	161669	gris	1923	Sedan 137277	Ombrelle 118949
Bison	163288	gris-foncé	1923	Nichet 117897	Offrande 121160
Bison	165018	gris-foncé	1923	Thomas 141023	Panetière 128636
Bisontin	163290	gris-foncé	1923	Turbigot 141009	Tréfumel 142847
Bisontin	165019	gris-foncé	1923	Servilly 139658	Niobée 118292
Bisquin	165020	noir	1923	Thomas 141023	Nacrée 117516
Bissac	160229	gris	1923	Quaduc 129371	Longue 101263
Bissac	161675	noir	1923	Ténia 140572	Krapule 91393
Bissac	163295	noir	1923	Tréport 142647	Serao 138905

NOM	N°	ROBE	Naissance	PÈRE	MÈRE
Bissac	165021	gris	1923	Lutécien 102720	Scie 139531
Bissagos	163999	noir	1923	Servilly 139658	Norma 118314
Bisson	162500	gris	1923	Téléphone 142061	Loue 98805
Bisson	164000	gris	1923	Trophonius 144319	Heraclée 77457
Bistoquet	161677	gris	1923	Rongetout 133602	Konspuée 92965
Bistoquet	163297	noir	1923	Turbigot 141009	Jarosse 87207
Bistoquet	165022	gris	1923	Lutécien 102720	Polka 128770
Bistouri	160743	gris foncé	1923	Sapor 138736	Ottière 120614
Bistouri	161678	gris	1923	Rongetout 133602	Morosive 106936
Bistouri	163299	gris-cend.	1923	Turbigot 141009	Kavalcade 94933
Bistro	160430	gris-foncé	1923	Pélissier 126603	Sidonie 136341
Bitche	161412	noir	1923	Triolet 141391	Lavolinière 100918
Bitonto	162502	bai-brun	1923	Téléphone 142061	Narcéine 112799
Bitord	161679	noir	1923	Rongetout 133602	Pirouette 125941
Bitter	163302	gris-fer	1923	Néflier 111919	Paupiette 67189
Bitton	163305	gris-foncé	1923	Turbulent 143938	Louisville 103470
Bitume	160745	gris	1923	Titus 141139	Kôlite 95706
Bitumier	161682	noir	1923	Ténia 140572	Nerva 112994
Bivac	161685	gris	1923	Ténia 140572	Identité 80938
Bivalve	161015	gris	1923	Ténia 140572	Tartine 140847
Bivouac	161687	noir	1923	Trescheur 141763	Osmane 119806
Bixio	162505	noir-zain	1923	Succès 137926	Karence 90823
Bizarre	160698	gris	1923	Reynal 132841	Ovarie 120540
Bizet	164002	gris	1923	Quompromis 132021	Lichia 101913
Bizot	161633	gris	1923	Perturbateur 125648	Manne 107968
Bizu	161303	gris	1923	Ténia 140572	Quassave 129840
Bizut	161689	noir	1923	Rongetout 133602	Quonque 130395
Blac	160449	noir	1923	Souvenons 136704	Papillote 124832
Blacas	164003	gris	1923	Quinaud 132720	Irun 83027
Blafard	160487	gris	1923	Sablon 136420	Houchi 76069
Blafard	161690	noir	1923	Tricolor 141814	Rabiole 134814
Blain	162510	noir	1923	Téléphone 142061	Majuscule 105443
Blain	164006	gris	1923	Kourlis 95894	Truffière 143880
Blair	164007	gris	1923	Quompromis 132021	Quordelle 132226
Blaireau	160816	noir	1923	Médisant 105527	Qlairette 131790
Blaireau	161693	gris	1923	Rongetout 133602	Kouseuse 91368
Blaireau	162282	gris	1923	Trappon 143649	Marginale 106142
Blaise	162576	gris-foncé	1923	Sang 136446	Minorité 107872
Blanc	160454	gris	1923	Pélissier 126603	Tour-Eiffel 140760
Blanc	161697	gris	1923	Ténia 140572	Nyssia 113366
Blanchec	160181	gris	1923	Nyctalope 113635	Mimosée 106785
Blanchec	160293	gris	1923	Temps 140932	Sagaffe 138131
Blanchard	161363	noir-zain	1923	Stimulant 137850	Onerville 122450
Blanchet	161700	noir-zain	1923	Ténia 140572	Janicule 84076
Blandé	162280	gris	1923	Triadou 142667	Tenace 140551

NOM	N°	ROBE	Naissance	PÈRE	MÈRE
Blanqui	160296	noir	1923	Souvenons 136704	Gibèle 70872
Blanqui	161355	gris-fer	1923	Sowiet 138115	Quamomille 131524
Blanqui	164012	gris	1923	Thomas 141023	Ozocérite 123350
Blanzy	161357	noir	1923	Kalot 92507	Kilkenny 89780
Blanzy	164014	gris	1923	Quompromis 132021	Coquette 98222
Blasé	161702	gris-vin.	1923	Trescheur 141763	Oreste 119769
Blason	161705	noir	1923	Rongetout 133602	Nonciature 113555
Blason	163104	gris-foncé	1923	Ornain 119960	Mutine 109155
Blason	163314	gris-cend.	1923	Tabis 142880	Lasagne 103721
Blasonneur	161706	noir	1923	Receveur 133074	Réception 133067
Blavet	164015	noir-m.t.z	1923	Tugny 142721	Redoute 136311
Blavou	164215	gris	1923	Nichet 117897	Nonne 117278
Bléneau	164016	gris	1923	Quompromis 132021	Kénia 96376
Bléré	164017	gris	1923	Quompromis 132021	Perrière 128204
Bleu	163412	gris fer	1923	Québec 131267	Margot 107914
Bleuet	163402	noir	1923	Québec 131267	Nita 115404
Bleymard	164019	noir	1923	Lutécien 102720	Jacquerie 98248
Blicq	160338	gris tr.-f.	1923	Ramoneur 133946	Rechique 133615
Bligny	164020	gris	1923	Thomas 141023	Tsarienne 143893
Blinotte	160276	noir	1923	Souvenons 136704	Qopelle 129994
Blockhaus	161707	gris	1923	Rongetout 133602	Sorbetière 137640
Blocus	161184	noir	1923	Séducteur 137280	Tourmaline 141607
Blocus	161710	gris	1923	Ténia 140572	Quonicine 130389
Blois	160747	noir	1923	Titus 141139	Tribune 141157
Blois	161366	noir	1923	Tablier 142345	Quaissette 129649
Blois	164021	gris-foncé	1923	Lutécien 102720	Mercuriale 109726
Blond	160399	noir	1923	Japon 84819	Nathalie 115255
Blondel	161367	gris	1923	Tablier 142345	Nouille 113855
Blondel	164022	gris-foncé	1923	Servilly 139658	Océanide 123362
Blondin	161711	gris	1923	Ténia 140572	Quarbonne 130763
Blondin	163318	gris-fer	1923	Remonteur 134855	Gisèle 71736
Bloquet	161714	gris-clair	1923	Trescheur 141763	Quonsulte 130418
Bloquet	163320	noir	1923	Toy 142796	Hichette 81840
Bloqueur	161715	noir	1923	Ténia 140572	Révolution 134630
Blouet	161370	gris	1923	Polus 126947	Quotité 128782
Blouet	163718	gris-foncé	1923	Régis 134284	Orbitale 120899
Blucher	160706	gris	1923	Remonteur 134855	Patience 127288
Blücher	161369	gris	1923	Mylord 107421	Sarcelle 138463
Blucher	163720	noir	1923	Régis 134284	Souche 139801
Bluet	165029	gris	1923	Teck 144406	Pierrette 128623
Bluff	160218	noir	1923	Nyctalope 113635	Nichette 111681
Bluff	161716	gris-foncé	1923	Ténia 140572	Jovienne 85448
Bluff	163322	noir-zain	1923	Pilon 127251	Kalotte 95342
Blutoir	163324	gris-foncé	1923	Remonteur 134855	Joyeuse 83533
Boa	161719	gris-vin.	1923	Simbleau 136949	Ramsgate 133706

NOM	N°	ROBE	Naissance	PÈRE	MÈRE
Boa	163328	gris-fer	1923	Soumbacour 139758	Impression 82042
Boabdil	163721	gris-foncé	1923	Tranchet 143627	Pieuvre 128327
Board	161005	noir	1923	Ramoneur 133946	Quontorsion 130435
Bob	163623	noir-zain	1923	Quasi 128865	Quillembois 131291
Bobard	162516	noir	1923	Treiguac 142130	Manon 108620
Bobelin	162319	noir-m. t.	1923	Souvenons 136704	Prélude 125138
Bobillot	164351	gris	1923	Triennat 141840	Rémoise 134605
Bobillot	164300	gris-foncé	1923	Tressoir 143695	Lucillia 104623
Bobineur	161721	noir	1923	Turco 141540	Qrevasse 129965
Bobinoir	161724	gris-foncé	1923	Nyctalope 113635	Ilda 78565
Bobinoir	163335	noir	1923	Tabis 142880	Origène 123454
Bobo	163331	gris-foncé	1923	Turbigot 141009	Province 127392
Bocard	163332	gris-fer	1923	Nichet 117897	Odalisque 121944
Bocard	165031	gris-foncé	1923	Nénuphar 117675	Kavalette 97293
Bocard	165038	gris-clair	1923	Turco 141540	Tourterelle 141632
Boccador	161372	gris	1923	Névrosé 113735	Kazvin 89774
Boccador	164301	gris	1923	Régis 134284	Nicotine 113762
Boccalini	161373	gris	1923	Quarteron 128953	Patère 128700
Boccalini	164302	gris-foncé	1923	Régis 134284	Kiésérite 96306
Bocchoris	161375	noir	1923	Pilon 127251	Trie 142671
Bocchoris	164308	noir	1923	Sacy 139329	Nizerolle 117428
Bocchus	164303	gris	1923	Targon 144038	Parcimonie 128678
Bochart	161374	noir	1923	Pilon 127251	Quambuse 131509
Bochart	164305	gris-foncé	1923	Régis 134284	Sourdrie 139841
Bochat	164307	gris-foncé	1923	Régis 134284	Miss 110931
Bock	160431	gris-clair	1923	Pélissier 126603	Jossette 86003
Bock	161649	noir-zain	1923	Rouleau 134450	Toste 141559
Bock	165030	noir	1923	Teck 144406	Jouvencelle 88898
Bodel	164309	gris	1923	Régis 134284	Nerva 118497
Bodin	164310	gris-foncé	1923	Tressoir 143695	Tarare 144030
Bodley	164313	gris-foncé	1923	Soulignac 139825	Osborne 123470
Bodmer	164318	noir-m.-t.	1923	Truc 140852	Minette 111362
Bodoni	162823	gris	1923	Quarteron 128953	Quomande 130334
Boëcé	163771	gris-foncé	1923	Quompromis 132021	Ligroïne 101445
Boël	162150	gris	1923	Lichas 98731	Succincte 137932
Boers	162824	gris	1923	Torfou 142773	Oahou 121757
Bogusles	161509	gris-fer-f.	1923	Thomas 141023	Kermesse 96695
Bohémien	163140	noir	1923	Sion 139143	Marotte 109089
Bohémien	165033	gris-foncé	1923	Recteur 135313	Saburre 139916
Boigelin	160324	gris-foncé	1923	Quaduc 129371	Ginette 70407
Boileau	160967	gris	1923	Simbleau 136949	Ruelle 133629
Boileau	161600	noir	1923	Tranchet 143627	Normale 117996
Boilo	160223	gris-foncé	1923	Quaduc 129371	Septicémie 137362
Boindin	161601	gris-foncé	1923	Tranchet 143627	Trouble 143860
Boiro	160266	gris-foncé	1923	Souvenons 136704	Quivive 129325

NOM	N°	ROBE	Naissance	PÈRE	MÈRE
Bois	162955	noir	1923	Remisier 133326	Languette 103277
Boisard	161602	gris	1923	Sanglon 140100	Time 144175
Boisard	162832	noir	1923	Sanderling 136440	Garmante 98383
Boisaulard	164368	gris-foncé	1923	Polonais 125998	Sylvie 139846
Boisé	160559	gris-fer	1923	Saleux 139360	Uloragia 145150
Boiseur	163338	gris-clair	1923	Tabis 142880	Mégarde 109951
Boisgelin	161603	gris	1923	Sacy 139329	Passée 127904
Boisheux	164367	gris-fer	1923	Polonais 125998	Théodora 144441
Boislisle	161604	noir-m.-t.	1923	Sacy 139329	Soulle 139832
Boismont	161606	gris-foncé	1923	Régis 134284	Macmiche 111320
Boisoger	162969	noir	1923	Polus 126947	Oufa 122367
Boisrobert	164349	noir-zain	1923	Neigeux 142725	Sociale 139176
Boissier	161610	gris-clair	1923	Polonais 125998	Quenouille 132623
Boissier	162833	noir	1923	Sanderling 136440	Impartiale 80981
Boissy	162834	noir	1923	Sanderling 136440	Ordinale 122001
Boistier	160593	noir	1923	Sablon 136420	Plaie 125316
Boizot	162844	noir	1923	Sanderling 136440	Popotte 126849
Bojador	161612	gris	1923	Médisant 105527	Rondeur 135985
Bolante	161168	noir	1923	Rouleau 134450	Marmoriène 108055
Bolbec	161614	gris-foncé	1923	Régis 134284	Quourbe 132380
Bolbec	162843	gris	1923	Sanderling 136440	Lionne 103305
Boléro	161735	noir-m.-t.	1923	Taquin 140673	Geneviève 69413
Boléro	162314	gris	1923	Souvenons 136704	Lotion 102637
Boléro	163339	gris-foncé	1923	Trélazé 142860	Priape 127358
Boléro	163625	bai	1923	Quasi 128865	Roquelane 135472
Boléro	165034	noir	1923	Recteur 135313	Panoulle 127754
Boleslas	162845	gris	1923	Sanderling 136440	Surnaturelle 138291
Bolet	161736	noir	1923	Taquin 140673	Tourte 141629
Bolet	163341	gris foncé	1923	Tabis 142880	Recherche 134584
Bolide	160888	noir	1923	Treignac 142130	Kastille 97598
Bolide	161738	noir	1923	Perturbateur 125648	Sauterelle 137146
Bolide	162548	gris-foncé	1923	Sang 136446	Kopieuse 91259
Bolide	163343	gris-foncé	1923	Trélazé 142860	Quouette 132340
Bolide	163417	noir	1923	Québec 131267	Lucie 101610
Bolide	163610	bai-brun	1923	Thermidor 140429	Thérèse 141328
Bolide	165035	gris	1923	Ravignan 136302	Livie 104567
Bolier	163345	gris-fer	1923	Tabis 142880	Panure 127774
Bolivar	161617	gris-foncé	1923	Sacy 139329	Rosée 135483
Bolivar	162841	gris	1923	Sanderling 136440	Surtonte 138342
Bolivien	161741	noir	1923	Rongetout 133602	Procida 125373
Bolivien	163346	gris-foncé	1923	Trélazé 142860	Uzèche 148119
Bolland	161620	gris	1923	Tranchet 143627	Indonésie 98578
Bolo	162179	gris	1923	Lichas 98731	Oliva 121205
Bologne	160282	gris foncé	1923	Sorcier 136545	Qotisse 129334
Bolor	161621	gris-foncé	1923	Targon 144038	Narquoise 118559

NOM	N°	ROBE	Naissance	PÈRE	MÈRE
Bomba	163347	gris foncé	1923	Tabis 142880	Ruche 134482
Bombardier	161744	gris-foncé	1923	Simbleau 136949	Piéride 125758
Bombardon	161745	gris	1923	Quaduc 129371	Tuberculine 144505
Bombasin	161746	bai-brun	1923	Sorcier 136545	Louve 99088
Bombasin	163351	gris-foncé	1923	Turbigot 141009	Oligarchie 122960
Bombasin	165041	noir	1923	Recteur 135313	Oletta 123390
Bombay	162848	noir	1923	Tronchoy 142698	Ostéite 122123
Bombay	164327	noir-m.-t.	1923	Polonais 125998	Urane 148547
Bombé	160185	gris-foncé	1923	Trinôme 141528	Usage 144885
Bombeur	161749	gris-foncé	1923	Nyctalope 113635	Souriante 137725
Bombeur	163352	gris-foncé	1923	Trélazé 142860	Nauclée 116821
Bombyx	161377	noir	1923	Taquin 140673	Jaca 86141
Bombyx	161750	gris	1923	Nyctalope 113635	Quorsée 130566
Bombyx	165042	gris-foncé	1923	Teck 144406	Usurpatrice 149760
Bon	163419	noir	1923	Marocain 107904	Mabelle 107909
Bonain	164953	gris-foncé	1923	Quoin 131888	Lyre 104390
Bonaparte	160766	gris	1923	Sablon 136420	Nobèthe 113463
Bonaparte	161381	gris	1923	Polonais 125998	Pipée 128383
Bonaparte	161751	noir	1923	Nyctalope 113635	Ocrcuse 118812
Bonaparte	162214	gris-foncé	1923	Tablier 142345	Quaserte 130796
Bonaparte	162850	gris	1923	Tronchoy 142698	Tornéa 142266
Bonaparte	164329	gris-fer	1923	Truc 140852	Jeannette 90124
Bonarien	160424	gris-foncé	1923	Pélissier 126603	Mauviette 106101
Bonbec	163355	gris-foncé	1923	Sapor 138736	Tempe 141038
Bonbon	161327	gris	1923	Quaduc 129371	Télésie 140532
Bonbon	161753	noir	1923	Tribart 141798	Location 99783
Bonbon	163356	gris-foncé	1923	Sapor 138736	Palalda 126629
Boncan	160317	gris-foncé	1923	Tralala 143618	Sortie 136643
Bonchamp	162853	gris	1923	Kalot 92507	Orense 122301
Bonchamp	164330	noir-zain	1923	Truc 140852	Liliane 104028
Bond	161754	noir	1923	Trinôme 141528	Sarlate 136598
Bondon	161756	gris-foncé	1923	Ramoneur 133946	Ukolique 144837
Bondon	163357	noir	1923	Sillé 139709	Négroïde 113705
Bondon	165043	noir	1923	Ravignan 136302	Orange 122956
Bondou	162854	gris	1923	Tronchoy 142698	Pureté 126858
Bondy	160503	gris	1923	Souvenons 136704	Tactile 140968
Bondy	162858	gris	1923	Tendant 140559	Luciole 99928
Bondy	164331	noir-m.-t.	1923	Truc 140852	Kalandre 95486
Boneicant	160329	gris	1923	Souvenons 136704	Alliance 62225
Bongars	162859	gris	1923	Tendant 140559	Théisme 141248
Bongars	164332	gris-foncé	1923	Régis 134284	Sans-Souci 139830
Bonhomme	160930	gris-foncé	1923	Trappon 143649	Suma 136355
Bonhomme	163361	gris-fer	1923	Sapor 138736	Phylinte 125024
Boni	161757	gris	1923	Ramoneur 133946	Rabine 133639
Boniface	160418	noir	1923	Saleux 139360	Ovata 120320

NOM	N°	ROBE	Naissance	PÈRE	MÈRE
Boniface	160489	noir	1923	Sablon 136420	Pareille 127811
Boniface	161760	gris	1923	Nyctalope 113635	Rogneuse 134238
Boniface	163362	gris-foncé	1923	Sapor 138736	Quintessence 13165[illegible]
Boniface	164335	gris-foncé	1923	Sacy 139329	Roue 132835
Bonifaci	160795	gris-foncé	1923	Sérum 136594	Sarriette 139734
Bonifacio	162860	gris	1923	Téléphone 142061	Occasion 120276
Bonifacio	164340	gris-foncé	1923	Polonais 125998	Tendue 140344
Bonivard	162861	noir	1923	Téléphone 142061	Navette 116836
Bonivard	164341	gris-vin.	1923	Sacy 139329	Mélopée 104814
Bonjour	161010	gris-clair	1923	Trescheur 141763	Uzès 147156
Bonjour	162560	gris-foncé	1923	Sang 136446	Noiraude 114787
Bonmarché	160934	gris-foncé	1923	Quadricycle 128838	Quadette 129607
Bonnat	162862	gris	1923	Téléphone 142061	Lectrice 100520
Bonnat	164342	alezan	1923	Sacy 139329	Norville 117465
Bonnet	160206	gris	1923	Saleux 139360	Sardine 136556
Bonnet	162863	noir	1923	Téléphone 142061	Quonvention 13092[illegible]
Bonnet	163364	noir	1923	Sapor 138736	Rose 133882
Bonnet	164343	gris-foncé	1923	Tressoir 143695	Noroise 117469
Bonneteau	163366	gris-fer	1923	Mercy 105783	Lunule 102702
Bonneteur	163367	gris-cend.	1923	Mercy 105783	Quoloneile 131925
Bonnier	163371	gris-foncé	1923	Turbigot 141009	Tsétsé 143896
Bonnivent	163444	bai	1923	Ouleux 121183	Officinale 121517
Bonnivet	162869	gris	1923	Sapor 138736	Jopère 86484
Bonnivet	164344	gris-foncé	1923	Régis 134284	Orestie 123450
Bonnot	160484	noir-zain	1923	Sillé 139709	Prudente 125247
Bonrouis	162611	noir	1923	Pilon 127251	Kolifichette 92675
Bonsin	161321	gris	1923	Sauteur 137147	Trésorerie 141768
Bonsmoulins	164287	noir	1923	Sacy 139329	Grisaille 71917
Bonsoir	160152	noir	1923	Temps 140932	Passette 124631
Bonsoir	160429	gris-tr.-f.	1923	Pélissier 126603	Siffle 138265
Bonsoir	162193	noir	1923	Tablier 142345	Noirceur 114785
Bontemps	160492	noir	1923	Sillé 139709	Larme 97976
Bonvalot	164345	gris-foncé	1923	Régis 134284	Retraction 135729
Bonze	161647	gris	1923	Séducteur 137280	Rêverie 134092
Bonze	163372	gris-foncé	1923	Turbigot 141009	Smalah 139161
Bonzigue	160190	gris-foncé	1923	Trinôme 141528	Quatrhine 129298
Book	161891	noir	1923	Téléphone 142061	Noaille 113027
Booth	164348	gris-foncé	1923	Soulignac 139825	Palmature 127677
Boppe	162580	gris-foncé	1923	Tablier 142345	Lessiveuse 100747
Boqueur	163373	gris-foncé	1923	Turbigot 141009	Orcière 122660
Boquillon	161922	gris-fer-f.	1923	Sébastopol 137245	Madame 107069
Boquillon	163374	gris-fer	1923	Nichet 117897	Tire 143379
Bora	161768	gris-foncé	1923	Trinôme 141528	Quêteuse 129130
Bora	163375	gris-foncé	1923	Mercy 105783	Quatalane 131735
Borax	161923	noir	1923	Perturbateur 125648	Officielle 118856

NOM	N°	ROBE	Naissance	PÈRE	MÈRE
Borax	163376	gris-foncé	1923	Sowiet 138115	Ordeïne 75772
Bord	161924	gris	1923	Sébastopol 137245	Guine 70175
Borda	162872	noir	1923	Téléphone 142061	Salariée 138318
Borda	164350	gris-foncé	1923	Polonais 125998	Quourtine 132403
Bordage	160140	noir	1923	Nyctalope 113635	Noblesse 111654
Bordé	160139	noir	1923	Nyctalope 113635	Tordeuse 140689
Bordeaux	160765	gris	1923	Sablon 136420	Razetachique 133342
Bordeaux	164509	bai	1923	Strasbourg 139864	Normanique 118001
Bordelais	162556	gris-foncé	1923	Téléphone 142061	Tubulée 141858
Bordereau	162277	noir	1923	Sauto 139489	Quératose 129553
Bordier	163380	gris-fer	1923	Turbulent 143938	Brillante 69177
Bordier	164361	gris	1923	Truc 140852	Quinolette 132673
Bordigue	161771	gris	1923	Trescheur 141763	Houleuse 74286
Bore	160191	noir	1923	Tarif 140860	Thionnière 140706
Boréal	160929	gris	1923	Trappon 143649	Taille 140930
Boréal	163381	gris-cend.	1923	Turbulent 143938	Bichette 68258
Borgia	162874	gris	1923	Téléphone 142061	Songeuse 138320
Borgo	163382	gris-foncé	1923	Reynal 132841	Obsidionale 122819
Borgo	164370	gris-foncé	1923	Santander 138727	Ride 136139
Borin	161928	gris	1923	Quintanar 129225	Requête 133691
Borin	163384	gris-foncé	1923	Reynal 132841	Patrie 127387
Boriqué	163388	gris-foncé	1923	Sapor 138736	Ninon 117244
Borné	163389	gris-foncé	1923	Sapor 138736	Quolère 131899
Bornéo	160746	gris	1923	Titus 141139	Odemélisse 120808
Bornibus	161000	gris	1923	Quaduc 129371	Ombellifère 119130
Bornier	164373	gris-vin.	1923	Polonais 125998	Podolie 126236
Bornou	164374	gris-vin.	1923	Neigeux 112725	Querelle 132689
Borny	164379	gris	1923	Neigeux 112725	Calédonie 66482
Borodino	161151	noir	1923	Séducteur 137280	Marne 108060
Borodino	164386	gris-vin.	1923	Target 144040	Taverne 144064
Bort	163394	gris-foncé	1923	Toy 142796	Relaxe 135422
Bort	164387	gris	1923	Polonais 125998	Navette 118521
Boschiman	160509	gris	1923	Sorcier 136545	Mouchette 105698
Bosco	164388	gris-foncé	1923	Polonais 125998	Mérode 111344
Boscot	160694	noir	1923	Sillé 139709	Rallie 133843
Boscot	161931	noir	1923	Rongetout 133602	Persillée 125635
Boscot	163397	gris-fer	1923	Toy 142796	Tamiserie 142920
Bosnien	163398	gris-foncé	1923	Sédillot 138826	Olternitza 121865
Boson	164389	gris	1923	Santander 138727	Ocana 123554
Bosquet	161933	gris	1923	Ornain 119960	Jumenteuse 84700
Bosquet	162266	noir	1923	Sabarat 139316	Raguse 113949
Bosquet	162879	gris	1923	Tahure 141677	Orographie 122080
Bosquet	163400	gris-foncé	1923	Sombacour 139758	Qualleuse 131475
Bosquet	164394	gris-clair	1923	Santander 138727	Sole 139736
Bosseman	163422	gris	1923	Juste 85878	Image 82448

NOM	N°	ROBE	Naissance	PÈRE	MÈRE
Bossoir	161934	noir	1923	Soupirail 137701	Plage 126031
Bossoir	163423	noir	1923	Juste 85878	Kordoue 94103
Bossu	162225	gris	1923	Quaduc 129371	Quontusion 130459
Bossu ●	163424	gris-clair	1923	Juste 85878	Kabale 93445
Bossuet	160555	noir	1923	Sabarat 139316	Umée 145499
Bossuet	162877	gris	1923	Téléphone 142061	Lionne 99465
Bossuet	164392	gris	1923	Santander 138727	Théroulde 144120
Bossut	164395	gris-vin.	1923	Tropical 143848	Roulade 136003
Bostangi	161943	gris	1923	Sébastopol 137245	Quapotte 129758
Bostangi	163425	gris-foncé	1923	Ouleux 121183	Koquette 94022
Bostock	160099	gris-foncé	1923	Treignac 142130	Héliade 78009
Boston	160395	rouan	1923	Thermidor 140429	Messène 108699
Boston	161939	noir-zain	1923	Sébastopol 137245	Mélinite 106318
Boston	162881	noir	1923	Téléphone 142061	Orobanche 122076
Boston	163426	gris	1923	Ouleux 121183	Tenderie 143083
Boston	164396	gris	1923	Santander 138727	Jaseuse 89000
Botaniste	163427	gris	1923	Ouleux 121183	Négation 112137
Botany	164397	gris	1923	Tropical 143848	Utation 148607
Botocudos	164399	noir-m.-t.	1923	Neigeux 112725	Ketty 97144
Botta	162884	noir	1923	Téléphone 142061	Midie 109338
Botta	164398	gris	1923	Tropical 143848	Pipette 128397
Botteleur	163428	gris	1923	Ouleux 121183	Pataugeuse 127021
Botteloir	163432	noir	1923	Mordicant 110698	Laurentie 104051
Botticelli	164400	gris	1923	Santander 138727	Moldavie 111388
Bottillon	163436	gris	1923	Mordicant 110698	La Vallée 63475
Bottin	163437	gris	1923	Toy 142796	Judith 86861
Botzaris	164407	gris-clair	1923	Polonais 125998	Passerelle 127906
Boubouroche	160157	gris	1923	Tarif 140860	Toile 140335
Boubouroche	161631	noir	1923	Perturbateur 125698	Réactive 133032
Bouc	163438	noir	1923	Toy 142796	Insoumission 79121
Boucan	160192	gris	1923	Tarif 140860	Oméga 120322
Boucan	163440	noir	1923	Ouleux 121183	Némorale 112155
Bouchain	164409	gris-foncé	1923	Polonais 125998	Isabeau 81226
Bouchard	161210	gris	1923	Taquin 140673	Lanière 104394
Bouchardon	164410	gris-foncé	1923	Polonais 125998	Tégée 144069
Boucher	164411	noir	1923	Truc 140852	Quonfite 132071
Boucheton	163445	gris	1923	Turquin 142152	Lisette 78519
Bouchon	160361	noir	1923	Temps 140932	Novale 112356
Bouchon •	160443	gris-foncé	1923	Pélissier 126603	Qaresse 129628
Bouchot	163450	noir	1923	Toy 142796	Ustrine 147450
Boucicault	164414	gris	1923	Tobol 144205	Rouleuse 136177
Bouclé	160150	gris	1923	Temps 140932	Uklette 144913
Bouclé	160755	noir	1923	Sabarat 139316	Résine 133974
Bouclier	160825	gris-foncé	1923	Téléphone 142061	Pachuca 126893
Bouclier	163447	noir	1923	Turquin 142152	Tapisserie 142958

NOM	N°	ROBE	Naissance	PÈRE	MÈRE
Boudet	161808	noir	1923	Raynouard 133959	Quordaïte 130515
Boudeur	160147	gris	1923	Temps 140932	Soucieuse 137666
Boudha	160238	gris-foncé	1923	Quaduc 129371	Rainure 133528
Boudin	160513	gris-foncé	1923	Tralala 143618	Ursule 144602
Boudin	162308	gris	1923	Receveur 133074	Solive 137607
Boudin	163452	gris	1923	Mordicant 110698	Loueuse 102275
Boudjou	163453	bai	1923	Juste 85878	Qadrille 130035
Boudoir	160128	gris-foncé	1923	Ramoneur 133946	Olga 120313
Boudoir	163454	noir	1923	Mordicant 110698	Pellouaille 126705
Bouër	162378	gris	1923	Téléphone 142061	Lavisse 100534
Boueur	163456	gris	1923	Néllier 111919	Insertion 79907
Bouffarik	164416	gris	1923	Trochu 144305	Junte 87496
Bouffi	160345	noir	1923	Temps 140932	Quoloquinte 130320
Bouffi	161952	noir	1923	Quaillou 129642	Noire 114779
Bouffi	163459	noir	1923	Titi 141717	Ténériffe 141910
Boufflers	164419	noir	1923	Trembley 144261	Neurologie 117876
Bouffon	161953	noir-zain	1923	Tamaris 142378	Mansarde 107977
Bouffon	163460	noir	1923	Ouleux 121183	Mironne 108822
Bougeoir	161954	noir	1923	Tamaris 142378	Parénèse 124508
Bougeoir	163461	noir	1923	Ouleux 121183	Iris 98203
Bougeur	163502	noir	1923	Qrédit 130005	Polle 126584
Bougier	161956	bai-br.-f.	1923	Ornain 119960	Onglette 118990
Bougier	163462	noir	1923	Titi 141717	Tende 141909
Bougival	160184	gris-foncé	1923	Trinôme 141528	Maxée 106339
Bougival	160197	gris	1923	Tirailleur 143385	Ulva 144938
Bougna	160540	gris-foncé	1923	Tralala 143618	Notariée 112351
Bougnat	160321	bai-brun	1923	Sorcier 136545	Urtica 145473
Bougon	160779	gris-foncé	1923	Tralala 143618	Labiée 97891
Bougon	161957	gris-r.-f.	1923	Sébastopol 137245	Trisse 141419
Bougon	163463	gris	1923	Ouleux 121183	Marseillaise 108375
Bougran	161960	bai-br.-r.	1923	Trescheur 141763	Harmonie 74092
Bougran	163464	noir	1923	Tavel 142425	Homélie 76646
Bougre	160507	noir	1923	Souvenons 136704	Uqrèce 145492
Bouhours	164422	gris	1923	Strasbourg 139864	Morsure 110749
Bouillant	160485	gris-foncé	1923	Sapor 138736	Quadrature 128793
Bouillant	161961	gris	1923	Sauteur 137147	Occlusine 118801
Bouillet	164424	gris	1923	Trembley 144261	Mactha 104798
Bouilleur	161962	gris	1923	Triolet 141391	Ostade 119799
Bouilleur	163469	noir-zain	1923	Ouleux 121183	Hyène 75780
Bouilli	163470	noir	1923	Ouleux 121183	Immangeable 79134
Bouillon	161011	gris	1923	Souvenons 136704	Ninette 112518
Bouillon	161020	alezan	1923	Terreau 140590	Pastillette 125069
Bouillon	163471	noir	1923	Ouleux 121183	Pennesière 126713
Bouillongras	160127	gris-foncé	1923	Temps 140932	Loterie 100374
Bouillongras	160154	noir	1923	Souvenons 136704	Quaracole 129500

NOM	N°	ROBE	Naissance	PÈRE	MÈRE
Bouilly	164427	gris	1923	Tobol 144205	Hydra 87636
Boujaron	161969	noir	1923	Trapèze 140424	Rurale 134523
Boujaron	163472	noir	1923	Ouleux 121183	Laviolle 102130
Boulais	163762	gris-bleu	1923	Pectiné 124801	Piaffe 128292
Boulak	164428	noir	1923	Tribur 144284	Amanda 96917
Boulanger	163474	gris-foncé	1923	Ouleux 121183	Patagonie 126558
Boulard	162534	gris-cl.-r.	1923	Sang 136446	Minerve 107862
Boulay	160897	gris	1923	Qroisy 130286	Quoursive 130615
Boulay	162004	gris-fer	1923	Quintanar 129225	Royale 134025
Boulay	162283	gris	1923	Pélissier 126603	Quorbière 130944
Boulay	162638	gris-foncé	1923	Mercy 105783	Quassonade 131724
Boulay	163594	noir	1923	Néflier 111919	Négative 115676
Bouleau	161971	gris	1923	Sauteur 137147	Tétrarchie 140626
Bouleau	163478	gris	1923	Socialiste 136651	Pellefigue 126700
Bouledeson	160607	gris	1923	Pélissier 126603	Risette 132769
Bouledogue	163483	gris	1923	Socialiste 136651	Pecqueuse 126695
Bouledor	160979	gris	1923	Souvenons 136704	Grenade 70690
Boulet	161975	noir	1923	Taquin 140673	Patissière 124718
Boulet	162180	noir-zain	1923	Lichas 98731	Plaisante 62034
Boulet	162316	gris	1923	Tralala 143618	Udole 145464
Boulet	163486	noir-zain	1923	Ouleux 121183	Immatricule 79136
Bouleux	163487	noir	1923	Mordicant 110698	Hélice 93332
Boulevard	161976	gris	1923	Taquin 140673	Trolle 141440
Boulevard	163488	noir	1923	Juste 85878	Hardie 74404
Boulier	163489	gris	1923	Oder 121578	Pénélope 65217
Boulifard	161144	noir	1923	Séducteur 137280	Quorbinière 129655
Bouloir	161979	gris	1923	Turgot 141541	Saxonne 137169
Boulon	161981	bai-brun	1923	Soupirail 137701	Langue 100636
Boulon	163497	noir	1923	Magellan 106095	Tassette 143002
Boulonnais	162523	noir	1923	Receveur 133074	Ourale 121327
Boulot	163498	noir-m.-t.	1923	Magellan 106095	Tatillonne 143003
Boulot	163620	noir	1923	Pneu-ex-Palestro 126523	Salonique 138852
Boum	160188	gris-foncé	1923	Trinôme 141528	Triche 140856
Boundiou	161645	gris	1923	Nyctalope 113635	Napée 114959
Bouquet	160481	noir	1923	Sapor 138736	Kabale 95498
Bouquet	161987	gris	1923	Sébastobol 137245	Phénicienne 125694
Bouquet	162258	gris	1923	Quaduc 129371	Quantine 130433
Bouquet	162524	noir-zain	1923	Receveur 133074	Picardière 126409
Bouquet	163499	bai	1923	Magellan 106095	Utriculeuse 146632
Bouquet	164432	gris	1923	Tribur 144284	Thône 144142
Bouquetin	161986	gris-fer f.	1923	Tamaris 142378	Octavie 118816
Bouquetin	163500	gris	1923	Tandem 140645	Secrète 138615
Bouquin	160719	gris	1923	Pantin 124490	Râtissoire 133244
Bouquin	161988	noir	1923	Sébastapol 137245	Silésie 137490
Bouquin	162183	bai	1923	Sang 136446	Promesse 126369

NOM	N°	ROBE	Naissance	PÈRE	MÈRE
Bouquin	163501	noir	1923	Crédit 130005	Mode 108763
Bouquineur	163503	noir	1923	Socialiste 136651	Novelle 114910
Bouracan	161992	noir	1923	Lichas 98731	Kongrue 93575
Bouracan	163504	gris	1923	Socialiste 136651	Pirette 126593
Bourbaki	162185	gris-clair	1923	Lichas 98731	Quatane 130817
Bourbaki	162525	noir-zain	1923	Receveur 133074	Pédale 126972
Bourbaki	164433	gris	1923	Strasbourg 139864	Nickéline 117905
Bourbier	160202	gris-foncé	1923	Tictac 140979	Pécadille 124230
Bourbier	161993	gris-r.-f.	1923	Simbleau 136949	Rivière 134801
Bourbier	163507	gris	1923	Socialiste 136651	Ulmaire 147331
Bourbillon	161995	gris	1923	Ténia 140572	Nécrologie 111817
Bourbillon	163508	gris	1923	Magellan 106095	Lisse 102214
Bourbon	162531	noir	1923	Receveur 133074	Ourthe 121334
Bourbon	164434	bai	1923	Trembley 144261	Thorda 144143
Bourbonien	161996	gris	1923	Tamaris 142378	Trophée 141457
Bourbonien	163509	gris	1923	Magellan 106095	Parenne 126667
Bourbonnais	163510	noir	1923	Magellan 106095	Résidence 133721
Bourbouroche	162307	gris	1923	Tahure 141677	Oseraie 122144
Bourbriac	162532	gris	1923	Receveur 133074	Lamelle 98858
Bourbriac	164435	gris	1923	Thillot 144147	Mulsion 110847
Bourcet	163511	bai	1923	Saosnois 138835	Ramille 135109
Bourchemin	160871	noir	1923	Négligent 112708	Mariette 110414
Bourcier	162535	noir-zain	1923	Sang 136446	Poussette 124368
Bourcier	164436	gris	1923	Tribur 144284	Jetée 89126
Bourdaloue	160693	noir	1923	Reynal 132841	Invétérée 79160
Bourdeaux	164438	gris	1923	Trembley 144261	Nigelles 113767
Bourdin	162536	noir	1923	Sang 136446	Olivète 121209
Bourdin	164440	noir	1923	Tobol 144205	Nippe 117920
Bourdon	161099	noir	1923	Régisseur 133257	Jehanne 84957
Bourdon	161160	noir	1923	Séducteur 137280	Nerveuse 113846
Bourdon	162317	gris	1923	Tralala 143618	Traviata 140811
Bourdon	162552	gris	1923	Sang 136446	Kopieuse 93638
Bourdon	163516	gris	1923	Tandem 140645	Loire 102230
Bourdon	164441	gris	1923	Trembley 144261	Thomery 144138
Bourdouan	164444	gris	1923	Trembley 144261	Nidoreuse 117925
Bourdoulons	161166	gris	1923	Séducteur 137280	Quannelle 129741
Bourg	160817	gris-vin.	1923	Médisant 105527	Sorée 139668
Bourg	161998	bai-br.-f.	1923	Simbleau 136949	Haleine 74134
Bourg	162083	noir	1923	Terreau 140590	Tassette 140314
Bourg	162559	noir	1923	Sang 136446	Minotte 107863
Bourganeuf	164446	gris	1923	Thillot 144147	Islande 96858
Bourgas	162564	gris	1923	Sang 136446	Miroiterie 106826
Bourgas	164447	gris	1923	Tilly 144173	Querrie 132458
Bourgelat	162567	gris	1923	Sang 136446	Prunelaie 126465
Bourgeois	160608	gris	1923	Pélissier 126603	Jahel 84692

NOM	N°	ROBE	Naissance	PÈRE	MÈRE
Bourgeois	161999	noir	1923	Sébastopol 137245	Phlébite 125700
Bourgeois	162568	gris-clair	1923	Sang 136446	Nécropole 113681
Bourgeois	163517	noir	1923	Tandem 140645	Kerzane 94109
Bourgeon	162000	noir	1923	Tamaris 142378	Phobie 125701
Bourgeon	163519	gris	1923	Socialiste 136651	Gracieuse 84532
Bourgeron	162003	gris	1923	Quintanar 129225	Rasure 132958
Bourgeron	163520	gris	1923	Socialiste 136651	Lorbie 102255
Bourget	164450	noir-zain	1923	Tribur 144284	Pointue 128528
Bourgmestre	162005	gris-fer	1923	Quintanar 129225	Silicule 137499
Bourgouin	162570	gris-foncé	1923	Sang 136446	Incomprise 81535
Bourgouin	164453	gris	1923	Trocadéro 144304	Unicaule 149898
Bourgueil	164454	noir	1923	Tilly 144173	Uniate 149897
Bourguignon	160994	gris	1923	Trinôme 141528	Tentation 140719
Bourguisson	161295	gris	1923	Trescheur 141763	Nauclée 112672
Bouri	164377	gris clair	1923	Polonais 125998	Styrie 139259
Bourimaigre	162328	gris-foncé	1923	Saumur 136404	Quoudrette 130612
Bourin	160965	noir	1923	Trinôme 141528	Tubicole 141507
Bourmont	164455	gris-clair	1923	Trochu 144305	Kaféine 97374
Bouroche	160971	gris	1923	Quaduc 129371	Kassine 92191
Bouroche	161122	gris	1923	Quaduc 129371	Serge 137397
Bourou	164456	gris	1923	Tribur 144284	Quoala 132465
Bourray	162943	noir	1923	Remisier 133326	Taninge 142384
Bourreau	162010	gris	1923	Soupirail 137701	Quaravane 129514
Bourreau	163527	gris	1923	Socialiste 136651	Lamarque 102025
Bourrelet	163529	noir	1923	Socialiste 136651	Lorgie 102259
Bourrelier	162011	gris	1923	Quintanar 129225	Louvette 100846
Bourrin	160194	gris	1923	Temps 140932	Kreye 91666
Bourriquet	163530	bai	1923	Socialiste 136651	Régale 134380
Bourroir	163532	noir	1923	Socialiste 136651	Moitié 108792
Boursault	163533	noir	1923	Polus 126947	Tuilette 141868
Boursault	164457	bai	1923	Strasbourg 139864	Savate 140193
Bourseau	162013	gris	1923	Perturbateur 125648	Ognonière 118882
Boursicot	162014	gris	1923	Ténia 140572	Quennédie 129539
Boursicot	163537	gris	1923	Socialiste 136651	Léoville 102151
Boursier	162015	alezan	1923	Rongetout 133602	Posée 126080
Bouru	162233	gris-foncé	1923	Sauto 139489	Ombrée 120253
Bousingot	162016	gris rouan	1923	Rongetout 133602	Trentaine 141384
Boussac	164458	gris	1923	Trochu 143305	Lisette 68042
Bout	163539	noir	1923	Socialiste 136651	Coda 66879
Boutan	164461	noir-zain	1923	Trissotin 144296	Olonne 123609
Boutefeu	162017	gris	1923	Trapèze 140424	Troïka 141437
Boutefeu	163540	noir	1923	Socialiste 136651	Tigrette 141917
Bouteillard	161110	gris	1923	Simbleau 136949	Raclette 133328
Boutillier	163545	noir	1923	Socialiste 136651	Taxe 143014
Boutiquer	160439	noir	1923	Souvenons 136704	Subséquente 137916

NOM	N°	ROBE	Naissance	PÈRE	MÈRE
Boutiquier	162019	noir	1923	Terreau 140590	Terrasse 140591
Boutiquier	163547	noir	1923	Socialiste 136651	Lisette 102029
Boutis	163550	gris	1923	Tandem 140645	Retouche 135725
Boutmy	164468	noir	1923	Nérac 112728	Oligarchie 123840
Boutoir	163542	gris	1923	Socialiste 136651	Olona 121970
Bouton	160314	gris-vin.	1923	Souvenons 136704	Nichachien 113389
Bouton	160758	gris-foncé	1923	Sablon 136420	Odieuse 120009
Bouton	160800	noir-zain	1923	Sapor 138736	Sadowa 138270
Bouton	162023	gris	1923	Terreau 140590	Luvie 99193
Bouton	163543	noir-zain	1923	Socialiste 136651	Lili 60894
Boutondor	162025	gris-clair	1923	Ramoneur 133946	Ursule 145832
Boutonnier	163724	gris	1923	Stokolme 138147	Syllabe 138242
Boutrot	160820	gris-foncé	1923	Truc 140852	Nonuple 112491
Boutroux	164471	noir	1923	Tribur 144284	Onesse 123626
Bouveau	162026	gris-clair	1923	Trinôme 141528	Tresse 140851
Bouveau	163722	gris	1923	Keris 93769	Pâlissante 127673
Bouvelet	163727	noir	1923	Sérum 136999	Lanègre 98896
Bouvet	162027	noir	1923	Terreau 140590	Simplesse 137511
Bouvet	163731	gris	1923	Saleux 139360	Semaille 140061
Bouvier	162029	gris-foncé	1923	Terreau 140590	Haste 76372
Bouvier	163734	gris	1923	Télégraphe 140527	Salette 139361
Bouvillon	162031	gris-aub.	1923	Terreau 140590	Sarah 137092
Bouvillon	163728	noir	1923	Sérum 136999	Qualité 129986
Bouvreuil	162032	gris-clair	1923	Ramoneur 133946	Rouille 133319
Bouvreuil	162206	noir	1923	Tablier 142345	Qualenzana 130657
Bouvreuil	163544	gris	1923	Socialiste 136651	Mouche 108966
Bouvreuil	163738	gris	1923	Pectiné 124801	Riboteuse 135832
Bouvreuil	165044	gris-rouan	1923	Ornain 119960	Nettoyure 114380
Bouvril	162033	gris	1923	Qroisy 130286	Sincérité 137519
Bouvril	163739	gris	1923	Keris 93769	Incas 83216
Bovadilla	164466	gris-clair	1923	Saumeray 139476	Quombustion 131974
Boxeur	162035	gris	1923	Qroisy 130286	Quinette 129596
Boyard	160310	gris-foncé	1923	Souvenons 136704	Uniche 145467
Boyard	162038	gris	1923	Terreau 140590	Plateure 125866
Boyau	162039	gris-foncé	1923	Turgot 141541	Triballe 141794
Boyer	162887	gris	1923	Téléphone 142061	Pochetée 125234
Boyer	164472	gris	1923	Trochu 144305	Onglière 123627
Bozel	162890	noir	1923	Téléphone 142061	Sagaie 138328
Bozel	164474	gris	1923	Strasbourg 139864	Linition 103829
Brabançon	163745	gris-clair	1923	Néflier 111919	Unnite 148854
Brabant	160227	gris	1923	Trumeau 141489	Lamproie 100617
Brabant	162891	gris	1923	Téléphone 142061	Suburbaine 137922
Brabant	164475	gris	1923	Tobol 144205	Teinture 143322
Bracelet	160349	gris	1923	Trappon 143649	Paspressée 124644
Bracelet	162040	gris	1923	Qroisy 130286	Reine 134566

NOM	N°	ROBE	Naissance	PÈRE	MÈRE
Bracelet	163743	gris-foncé	1923	Quasson 131729	Salaise 139353
Brachial	163748	gris	1923	Tyroglyphe 143987	Jahel 98250
Bracieux	164476	noir-zain	1923	Tribur 144284	Phalangette 128034
Braconnier	160182	noir-zain	1923	Nyctalope 113635	Uranie 144879
Bractéal	162041	bai-for.-r.	1923	Terreau 140590	Opposée 119340
Bradford	162895	gris	1923	Tendant 140559	Nubie 116459
Bradford	164477	gris	1923	Trocadéro 144304	Multitude 110854
Bradley	164478	noir	1923	Tobol 144205	Nette 117874
Brahé	162896	bai-brun	1923	Tahure 141677	Friquette 66786
Brahé	164479	gris	1923	Trembley 144261	Tlaxcala 144185
Brahma	160253	gris-foncé	1923	Quaduc 129371	Rancunière 133560
Brahma	162898	gris	1923	Téléphone 142061	Kerblanche 95342
Brahma	164480	gris	1923	Tobol 144205	Musaraigne 110867
Braillard	162042	gris	1923	Terreau 140590	Ketmie 90619
Braisier	162043	gris	1923	Terreau 140590	Navigation 114686
Bramin	162044	gris-pom.	1923	Terreau 140590	Pipe 125831
Bran	161772	bai	1923	Québec 128887	Souveraineté 13771[illegible]
Brancard	160491	noir	1923	Sillé 139709	Analyse 62707
Brancard	161773	noir	1923	Spath 136968	Thébaïde 141236
Brancas	162899	bai-brun	1923	Tahure 141677	Hillarante 98608
Brancas	164481	noir	1923	Tobol 144205	Quarteronne 132367
Branchu	160201	gris-foncé	1923	Saleux 139360	Quolifuge 129107
Branchu	160245	gris-foncé	1923	Quaduc 129371	Rouergue 133541
Branchu	161775	noir	1923	Tinto 142060	Orry 119970
Branchu	163758	bai-brun	1923	Médisant 105527	Unciale 148996
Brandebourg	163759	gris-bleu	1923	Sérum 136999	Trichine 143722
Brandevin	161776	gris-clair	1923	Saumur 136404	Quaune 128868
Brandevin	163760	gris	1923	Tyroglyphe 143987	Nagelle 117326
Brando	164482	gris-rouan	1923	Strasbourg 139864	Loganie 103910
Brandon	160304	gris	1923	Souvenons 136704	Nauzetupas 113380
Brandon	160583	gris	1923	Sablon 136420	Palme 125312
Brandon	161777	gris-foncé	1923	Saumur 136404	Malandre 105469
Brandon	163763	gris-foncé	1923	Tyroglyphe 143987	Paupière 128009
Brandt	164483	gris	1923	Trocadéro 144304	Pluche 128497
Brandy	161780	gris	1923	Tahure 141677	Tronce 141450
Brandy	163766	gris-bleu	1923	Trophonius 144319	Marlecie 109493
Branlant	161781	gris	1923	Tinto 142060	Nasalité 113940
Branlant	163769	noir	1923	Pectiné 124801	Respectueuse 13566[illegible]
Branlebas	160196	gris-foncé	1923	Ramoneur 133946	Massuette 105301
Branlebas	163770	gris-foncé	1923	Turbulent 143938	Passagère 127898
Branly	160575	gris-fer	1923	Sablon 136420	Kildarée 92287
Branly	162902	gris	1923	Quarteron 128953	Matuta 108445
Branly	164484	noir	1923	Trochu 144305	Litote 103882
Brantôme	164485	noir	1923	Tobol 144205	Onglière 123052
Braque	160498	noir	1923	Temps 140932	Tanière 141083

NOM	N°	ROBE	Naissance	PÈRE	MÈRE
Braque	163772	gris	1923	Tartare 140997	Muscade 109481
Bras	163777	gris	1923	Keris 93769	Occupante 122838
Brasdefer	160316	gris	1923	Souvenons 136704	Servante 136644
Brasero	161785	gris	1923	Saumur 136404	Typhlite 142161
Brasero	163782	gris-foncé	1923	Trophonius 144319	Sargasse 140138
Brasidas	164486	noir	1923	Trissotin 144296	Moyenne 110824
Brasier	160226	gris-foncé	1923	Quaduc 129371	Serbie 136885
Brasier	161090	gris	1923	Saumur 136404	Potion 126113
Brasier	161786	gris	1923	Saumur 136404	Noduleuse 113519
Brasier	163786	gris	1923	Tyroglyphe 143987	Liane 98677
Brassac	164488	noir	1923	Trembley 144264	None 117986
Brassard	161788	gris	1923	Tentateur 140316	Ouve 120098
Brasseur	161789	noir	1923	Tentateur 140316	Suppression 137994
Brasseur	163789	gris	1923	Keris 93769	Sassierge 139447
Brassin	161791	noir	1923	Polus 126947	Spartéine 136962
Brassin	163790	gris-clair	1923	Thalweg 140873	Pétaudière 128246
Brasso	164491	gris	1923	Trocadéro 144304	Rubiette 136061
Bratiano	162903	gris	1923	Torfou 142773	Renardière 135549
Bratiano	164494	gris	1923	Tribur 144284	Suzette 139913
Bravais	162904	gris	1923	Torfou 142773	Oreille 119413
Bravais	164496	noir	1923	Strasbourg 139864	Liégeoise 104267
Brave	160231	gris-foncé	1923	Nyctalope 113635	Ondulation 119127
Brave	160683	gris	1923	Polonais 125998	Tramontane 143622
Brave	161091	gris	1923	Saumur 136404	Spicule 137764
Brave	161792	gris	1923	Tinto 142060	Konsigne 91567
Brave	163413	noir-zain	1923	Québec 131267	Nida 115394
Brave	163791	gris-bleu	1923	Thalweg 140873	Océanie 122850
Bravi	164497	gris	1923	Nérac 112728	Littorine 103883
Bravida	162245	gris-foncé	1923	Pélissier 126603	Riflette 133796
Bravissimo	163795	gris	1923	Sérum 136999	Patagonne 127938
Bravo	160398	alezan	1923	Lafayette 100646	Nérina 115271
Bravo	160738	noir	1923	Sapor 138736	Haiderabad 74439
Bravo	160784	gris-foncé	1923	Truc 140852	Quiletta 128804
Bravo	161794	gris	1923	Tahure 141677	Surséance 138313
Bravo	162533	gris-foncé	1923	Sang 136446	Thrace 142006
Bravo	163797	gris-foncé	1923	Thalweg 140873	Travée 143651
Bravo	164498	gris	1923	Tilly 144173	Iton 82663
Bray	161193	gris	1923	Séducteur 137280	Nostrome 114542
Bray	164110	gris-foncé	1923	Tartare 140997	Norme 117024
Brazero	160283	gris-foncé	1923	Tralala 143618	Nolasque 114886
Brazier	162905	gris	1923	Torfou 142773	Nabote 117128
Brazier	164501	noir	1923	Tribur 144284	Ibagué 82632
Brazza	160945	gris	1923	Nyctalope 113635	Pelouze 125116
Break	161795	gris	1923	Saumur 136404	Tissure 141203
Break	163798	gris	1923	Tartare 140997	Sarrola 139431

NOM	N°	ROBE	Naissance	PÈRE	MÈRE
Brébeuf	162908	gris	1923	Torfou 142773	Lacédémone 99642
Brécey	162909	noir	1923	Sanderling 136440	Piquette 126911
Brécey	164504	bai	1923	Strasbourg 139864	Pierrette 128325
Brechet	161796	noir	1923	Saumur 136404	Morille 106929
Brechet	163799	gris	1923	Tartare 140997	Orezza 122681
Bref	161797	gris	1923	Saumur 136404	Splendeur 137779
Bref	163803	noir	1923	Tedzo 140341	Occidentale 121883
Bréguet	164505	gris	1923	Tobol 144205	Marmotte 111401
Bréhal	162911	gris	1923	Tronchoy 142698	Survenante 138346
Breil	163593	gris	1923	Oder 121578	Merveille 110449
Brelan	160644	gris	1923	Sion 139143	Nuance 116272
Brelan	161799	noir	1923	Stellionat 137835	Penture 124959
Brelan	163804	gris-foncé	1923	Quasson 131729	Moquette 104827
Brémontier	162917	noir	1923	Tronchoy 142698	Kassutas 93922
Brémontier	164508	noir	1923	Target 144040	Tosca 144221
Brenn	161801	noir	1923	Tahure 141677	Tôle 141230
Brenner	162921	noir	1923	Tronchoy 142698	Tongouse 142265
Brenner	164512	bai-zain	1923	Strasbourg 139864	Orelle 123661
Brennus	162916	bai	1923	Tronchoy 142698	Chartreuse 67856
Brennus	164515	gris	1923	Saumeray 139476	Nonnette 118641
Brentano	164516	noir	1923	Saumeray 139476	Tourtière 143570
Brésil	161802	noir-zain	1923	Stellionat 137835	Kadia 95207
Brésil	162922	noir	1923	Torfou 142773	Lorgnette 103278
Brésil	163808	bai	1923	Keris 93769	Pèlerine 128095
Brésil	164517	gris	1923	Tilly 144173	Ingénue 82805
Brésilien	161805	gris	1923	Tahure 141677	Mouchette 110639
Brésilien	163811	noir	1923	Keris 93769	Orange 123101
Breslau	162924	noir	1923	Sanderling 136440	Quorporation 130975
Breslau	164524	gris	1923	Target 144040	Sanguine 140097
Bressan	161803	noir	1923	Raynouard 133959	Obturante 120135
Bressan	163806	gris-foncé	1923	Keris 93769	Saula 139464
Bressant	161807	noir	1923	Saumur 136404	Konique 93577
Bressant	163812	gris	1923	Pectiné 124801	Ivoire 83111
Brétailleur	161810	noir	1923	Sanderling 136440	Nagée 112784
Bretenoux	162927	noir	1923	Sanderling 136440	Lastuce 100793
Breteuil	162925	noir zain	1923	Quarteron 128953	Torre 142086
Breteuil	164525	gris	1923	Tranchet 143627	Touque 144228
Brethel	164316	gris	1923	Soulignac 139825	Nocturne 118562
Brétigny	162929	noir	1923	Sanderling 136440	Survivance 138358
Breton	160063	gris-fer	1923	Taquin 140673	Quoncrète 130362
Breton	160544	gris-foncé	1923	Treignac 142130	Margot 98327
Breton	160731	noir	1923	Quissac 130271	Oiselle 120588
Breton	160891	gris	1923	Sanderling 136440	Tombola 141317
Breton	161087	gris	1923	Saumur 136404	Nullité 112926
Breton	161815	gris	1923	Saumur 136404	Glissière 70025

NOM	N°	ROBE	Naissance	PÈRE	MÈRE
Breton	162928	noir	1923	Sanderling 136440	Java 88118
Breton	163807	gris	1923	Trophonius 144319	Liesse 104206
Breton	164526	gris	1923	Target 144040	Sandre 140094
Bretonneau	164527	gris	1923	Tranchet 143627	Touraine 144229
Bretteur	161818	gris	1923	Saumur 136404	Rosette 134979
Bretteur	163814	gris	1923	Keris 93769	Passe 127903
Bretzel	163815	gris	1923	Pectiné 124801	Tremière 143671
Breuil	161821	noir	1923	Lichas 98731	Qraie 130641
Breuil	162054	gris-clair	1923	Taquin 140673	Néantise 111985
Breuil	163785	gris-clair	1923	Keris 93769	Quomtadine 132023
Breuil	163817	gris-bleu	1923	Turbigot 141009	Orangette 123109
Brevet	161825	gris-clair	1923	Quaduc 129371	Profession 126341
Brevet	163819	noir	1923	Keris 93769	Nageoire 117526
Bréviaire	160313	gris-foncé	1923	Quaduc 129371	Sagette 136597
Bréviaire	160348	noir-zain	1923	Trappon 143649	Trigonométrie 140290
Bréviaire	163821	gris-bleu	1923	Tressoir 143695	Revenue 135766
Bréviat	160347	gris-fer	1923	Trappon 143649	Turquie 140291
Brézé	162591	gris-foncé	1923	Trélazé 142860	Lolotte 99066
Brézé	164528	gris	1923	Tranchet 143627	Janina 89039
Brezin	164529	gris	1923	Saumeray 139476	Lisette 101511
Briançon	164532	gris	1923	Target 144040	Huppe 78373
Brice	164533	noir	1923	Trocadéro 144304	Plénitude 128474
Brick	162521	gris-clair	1923	Quétupa 129570	Léda 102315
Brick	163824	gris	1923	Keris 93769	Face 67704
Bricoleur	161831	bai	1923	Tinto 142060	Palisse 124919
Bricoleur	163825	gris	1923	Turbigot 141009	Torpille 143489
Bricoli	160753	gris-foncé	1923	Sabarat 139316	Harlette 98573
Bridaine	162592	gris-foncé	1923	Pilon 127251	Quarotte 128950
Bridet	162593	noir	1923	Mercy 105783	Quagée 131405
Bridet	164539	noir	1923	Tobol 144205	Notoriété 118018
Bridge	160748	gris	1923	Sabarat 139316	Obridge 120315
Bridon	161833	gris	1923	Saumur 136404	Lactose 101668
Bridon	164027	gris	1923	Turbigot 141009	Perse 128208
Briec	162594	gris-foncé	1923	Mercy 105783	Quassine 131721
Briec	164541	noir	1923	Trembley 144261	Stéarine 137832
Brief	161835	noir	1923	Polus 126947	Qualcutta 130654
Brieux	162595	gris-foncé	1923	Pilon 127251	Modestie 109964
Brieux	164542	gris	1923	Strasbourg 139864	Mouvette 110732
Briey	164544	noir	1923	Trocadéro 144304	Mye 110914
Brifaut	162596	gris fer	1923	Reynal 132841	Ongrelotte 120493
Brifaut	164545	gris	1923	Tilly 144173	Moulure 108986
Briffaut	160171	gris-foncé	1923	Tictac 140979	Tavette 140841
Brigade	164030	gris-foncé	1923	Thomas 141023	Odense 123366
Brigadier	161836	gris	1923	Ténia 140572	Quausette 129889
Brigadier	163112	gris-foncé	1923	Régisseur 133257	Louisiane 98808

NOM	N°	ROBE	Naissance	PÈRE	MÈRE
Brigadier	164029	gris	1923	Servilly 139638	Ode **123367**
Brigand	161837	gris	1923	Sanderling 136440	Lapinière **101744**
Brigandeau	161841	noir	1923	Quirat 128885	Régille **133764**
Bright	161843	gris	1923	Triennat 141840	Onéga **121239**
Brigueur	161844	gris	1923	Saumur 136404	Roche **135116**
Brigueur	164035	noir	1923	Sillé 139709	Toluène **143439**
Brillant	160828	gris	1923	Tendant 140559	Tourne **142606**
Brillant	161642	gris	1923	Trescheur 141763	Octogyne **118828**
Brillant	164036	gris	1923	Sillé 139709	Maille **110149**
Brillat	164549	gris	1923	Trivulce 144302	Roulotte **136010**
Brimborion	161847	noir	1923	Ouistreham 120076	Sarthème **138756**
Brimborion	164041	gris	1923	Thalweg 140873	Maitrise **110171**
Brimo	160402	rouan	1923	Japon 84819	Nanette **115325**
Brin	161848	noir	1923	Ouistreham 120076	Stipelle **137853**
Brin	164042	gris clair	1923	Romand 135963	Pantène **127758**
Brindepail	160173	gris-foncé	1923	Trinôme 141528	Unisexuelle **144890**
Brindillon	160249	bai-brun	1923	Nyctalope 113635	Riviéra **133551**
Brindisi	160274	gris-foncé	1923	Tralala 143618	Oira **120642**
Brinon	162597	bai	1923	Reynal 132841	Kathode **94918**
Brio	161849	gris	1923	Qroisy 130286	Quiberville **128874**
Brio	164043	gris-clair	1923	Mercy 105783	Moustache **57519**
Briochain	161854	gris	1923	Quadricycle 128838	Stricte **137873**
Briochain	164044	gris-foncé	1923	Mercy 105783	Jarre **87204**
Briolay	162999	noir	1923	Quissac 130271	Joute **88085**
Brion	164129	gris-foncé	1923	Quasson 131729	Hanebanc **76004**
Brion	164552	gris	1923	Trivulce 144302	Mirandole **106138**
Briot	162334	noir	1923	Raynouard 133959	Sémitique **138367**
Briouze	164558	gris	1923	Trivulce 144302	Eglantine **57556**
Briquet	160237	gris-foncé	1923	Quaduc 129371	Poule **124652**
Briquet	160713	gris-foncé	1923	Trémolo 142642	Navette **113073**
Briquet	163121	noir-zain	1923	Sexto 137450	Kolette **94378**
Briquet	164046	gris	1923	Nichet 117897	Skye **139154**
Briqueteur	164047	gris-clair	1923	Nichet 117897	Maïolique **110180**
Bris	164049	gris	1923	Mercy 105783	Quantatrice **131161**
Brisant	161859	gris	1923	Saumur 136404	Thermale **141257**
Brisant	164051	noir	1923	Mercy 105783	Lisette **75002**
Briscard	160447	gris	1923	Pélissier 126603	Turlurette **140374**
Briscard	161860	gris	1923	Polus 126947	Tacite **140232**
Briscart	164052	gris	1923	Mercy 105783	Neuvaine **116114**
Brisé	164054	gris	1923	Nichet 117897	Orge **122669**
Briséis	164554	noir	1923	Trocadéro 144304	Jacobine **88830**
Brisement	164055	gris	1923	Mercy 105783	Uste **148758**
Brisetout	161861	gris	1923	Saumur 136404	Suttée **138410**
Briseur	161862	gris-clair	1923	Sanderling 136440	Nasale **113938**
Brisgau	164555	gris	1923	Tilly 144173	Idole **82848**

NOM	N°	ROBE	Naissance	PÈRE	MÈRE
Brisis	161863	gris	1923	Téléphone 142061	Quordée 130517
Brisis	164058	noir-m.-t.	1923	Mercy 105783	Roublarde 135554
Briska	161865	noir	1923	Téléphone 142061	Livrée 101039
Briska	164062	gris-foncé	1923	Mercy 105783	Phylaminte 125248
Brisoir	161866	gris-clair	1923	Téléphone 142061	Suife 140198
Brisquard	160759	gris-foncé	1923	Trappon 143649	Kilmame 92269
Brisquard	164053	gris	1923	Nichet 117897	Renarde 135548
Brissac	160563	gris-vin.	1923	Sapor 138736	Tempérée 140987
Brissac	164556	gris	1923	Tilly 144173	Plante 128456
Brisson	164559	noir	1923	Trochu 144305	Marnière 111093
Brissot	164560	gris	1923	Trocadéro 144304	Osmanville 123715
Bristol	161867	noir	1923	Téléphone 142061	Mozette 106955
Bristol	164064	gris	1923	Turbigot 141009	Paire 127648
Bristol	164563	gris	1923	Trocadéro 144304	Lippée 103843
Britanicus	160130	gris	1923	Temps 140932	Cime 67306
Britannicus	163218	gris-foncé	1923	Négligent 112708	Modiste 109971
Brixlmont	164530	gris	1923	Saumeray 139476	Hekla 77818
Brizard	163919	gris-foncé	1923	Lutécien 102720	Pelote 128618
Brizeux	164564	noir	1923	Tilly 144173	Sahara 139829
Broc	161869	gris	1923	Saumur 136404	Kastony 92133
Broc	164065	gris	1923	Nichet 117897	Renieuse 135564
Broca	163219	noir	1923	Négligent 112708	Moelle 109972
Broca	164567	noir	1923	Strasbourg 139864	Loge 103911
Brocanteur	161872	noir	1923	Sanderling 136440	Narcose 113999
Brocard	161873	gris	1923	Sanderling 136440	Loutre 103288
Brocard	164066	gris-bleu	1923	Turbigot 141009	Sommière 139184
Brocart	160151	gris-foncé	1923	Ramoneur 133946	Urnia 146830
Brocart	164067	gris	1923	Mercy 105783	Nuageuse 117083
Brochet	160250	gris-foncé	1923	Pélissier 126603	Nappe 111887
Brochet	161133	noir	1923	Rouleau 134450	Onctueuse 118973
Brochet	161875	gris	1923	Simbleau 136949	Poule 127835
Brochet	164068	gris-foncé	1923	Turbigot 141009	Oréade 123441
Brocheton	161877	noir	1923	Receveur 133074	Givette 69963
Brocheton	164072	gris	1923	Quasson 131729	Idéologie 81869
Brocheur	161878	noir-m.t.z	1923	Receveur 133074	Osée 119785
Brocheur	164073	noir	1923	Nichet 117897	Noire 116990
Brochoir	161880	alezan	1923	Receveur 133074	Martienne 106201
Brochurier	164075	bai-brun	1923	Néflier 111919	Lutte 102728
Brock	161648	noir	1923	Rouleau 134450	Montenotte 107432
Brocoli	164077	gris-foncé	1923	Quasson 131729	Noix 116996
Brodequin	164078	gris	1923	Télégraphe 140527	Sorelle 139192
Brodeur	164080	gris-foncé	1923	Quasson 131729	Ille 83211
Bromate	161884	gris	1923	Receveur 133074	Kalonne 93876
Bromure	161885	noir	1923	Receveur 133074	Quandide 130705
Bromure	164084	gris	1923	Médisant 105527	Origne 122672

NOM	N°	ROBE	Naissance	PÈRE	MÈRE
Broncho	160822	gris-foncé	1923	Truc **140832**	Tousclle **143573**
Brontilly	160964	gris	1923	Trinôme **141528**	Potelée **126104**
Bronzé	160736	noir	1923	Sapor 138736	Lourc **102664**
Bronze	161889	gris	1923	Ouistreham 120076	Séquelle **137057**
Bronzeur	161890	gris	1923	Téléphone 142061	Josseline **98171**
Brook	164087	gris	1923	Médisant 105527	Kolère **96341**
Broquart	161892	noir	1923	Quasi 128865	Novale **114454**
Brossac	163221	gris-foncé	1923	Supérieur 137000	Tortequenne **142787**
Brossac	164568	gris	1923	Péplum 124974	Nive **111464**
Brosseur	160305	gris-foncé	1923	Sorcier 136545	Réplique **133577**
Brosseur	161893	gris	1923	Quasi 128865	Ramée **135091**
Brosseur	162239	noir	1923	Sorcier 136545	Quoréenne **132237**
Brosseur	162443	gris-clair	1923	Tinto 142060	Peausserie **124769**
Brosseur	162589	noir	1923	Sang 136446	**Jubilante 86945**
Brosseur	164090	gris-foncé	1923	Quasson 131729	Pale **127662**
Brossier	161895	gris	1923	Triennat 141840	Oise **120585**
Brossier	164092	gris	1923	Quasson 131729	Tunisienne **143925**
Brotier	163222	gris-foncé	1923	Supérieur 137000	**Potosi 127323**
Brotier	164571	gris	1923	Trochu 144303	Italie **96993**
Brou	161896	gris-foncé	1923	Triennat 141840	Gisèle **70796**
Brou	164094	gris	1923	Télégraphe 140527	Pluvia **125483**
Brouardel	160985	gris	1923	Trinôme 141528	Noire **112129**
Brouet	161898	noir	1923	Receveur 133074	Sudation **140043**
Brouet	164088	noir	1923	Thalweg 140873	Reniflerie **135565**
Brouhaha	161899	noir	1923	Receveur 133074	Noiraude **113523**
Brouillard	160161	gris	1923	Fier-à-Bras 65250	Laineuse **100591**
Brouillard	161900	gris-clair	1923	Simbleau 136949	Nutrition **112525**
Brouillard	162050	gris	1923	Taquin 140673	**Jambette 86111**
Brouillon	161901	noir-zain	1923	Receveur 133074	**Nôme 113538**
Broussais	164572	noir	1923	Strasbourg 139864	**Plumule 128504**
Broussel	164573	gris	1923	Trissotin 144296	Rillette **135857**
Broussil	160460	noir	1923	Sabarat 139316	**Muloniére 109864**
Broussin	161902	noir	1923	Receveur 133074	**Quonquête 130397**
Brousson	164574	noir	1923	Trivulce 144302	**Junia 93462**
Broyeur	161905	noir	1923	Triennat 141840	**Latrie 99331**
Bruant	163225	noir	1923	Négligent 112708	**Palissandre 126914**
Bruat	164578	gris	1923	Trocadéro 144304	**Mortaise 110752**
Brucker	164579	gris	1923	Tribur 144284	Ruptile **136106**
Brugnon	160711	gris-fer	1923	Trémolo 142642	**Olive 120272**
Brugnon	160824	noir	1923	Téléphone 142061	**Junon 87966**
Brugnon	164103	gris-foncé	1923	Quasson 131729	**Nonciature 117014**
Bruineux	161909	gris-foncé	1923	Saumur 136404	**Optation 120881**
Bruineux	164105	gris	1923	Thalweg 140873	**Quondylienne 132054**
Bruissant	161910	gris	1923	Saumur 136404	**Unilabiée 144794**
Bruissant	164106	gris	1923	Télégraphe 140527	**Lamia 102811**

NOM	N°	ROBE	Naissance	PÈRE	MÈRE
Bruit	161911	gris-clair	1923	Triennat 141840	Ourville 119843
Bruix	164581	noir	1923	Strasbourg 139864	Ollière 123597
Brûlant	160703	gris	1923	Reynal 132841	Tenture 141028
Brûlant	161912	gris	1923	Triennat 141840	Oursette 119842
Brûleur	160270	gris-foncé	1923	Souvenons 136704	Porcelette 125262
Brûleur	161913	gris	1923	Trescheur 141763	Thrace 140445
Brûleur	164111	gris-vin.	1923	Néflier 111919	Khédivale 96307
Brûlis	161914	gris-foncé	1923	Simbleau 136949	Parcimonie 124483
Brûlis	164114	gris	1923	Télégraphe 140527	Opportunité 123092
Brullemail	164652	noir	1923	Tribur 144284	Rutile 136125
Brûloir	161916	gris	1923	Quaduc 129371	Quornette 130551
Brûloir	164115	gris-foncé	1923	Romand 135963	Ruelle 134349
Brûlon	160497	noir	1923	Sorcier 136545	Sécurité 138130
Brûlot	160611	bai	1923	Sillé 139709	Jointure 98113
Brûlot	160714	gris	1923	Trémolo 142642	Sarnette 138207
Brûlot	161917	gris	1923	Sorcier 136545	Marrakech 105678
Brûlot	164116	gris	1923	Tartare 140997	Quoloniale 131926
Brumaire	161918	gris-clair	1923	Quaduc 129371	Jalousie 85308
Brumaire	164117	gris	1923	Romand 135963	Nosologie 117034
Brumal	161919	gris	1923	Nyctalope 113635	Rochelle 134648
Brumal	164119	gris	1923	Tartare 140997	Ouanne 122729
Brumeux	161920	noir	1923	Nyctalope 113635	Quorniche 130552
Brumeux	164120	gris-foncé	1923	Médisant 105527	Quompassion 132002
Brun	160767	gris	1923	Saleux 139360	Sarre 138240
Brun	161921	gris-foncé	1923	Téléphone 142061	Raconteuse 134846
Brun	163414	noir	1923	Québec 131267	Patrie 126817
Brun	164122	gris	1923	Romand 135963	Sigonce 139703
Brunel	164583	noir	1923	Tilly 144173	Quolorée 131951
Brunet	164585	noir	1923	Tilly 144173	Osche 123709
Bruni	164586	noir-zain	1923	Trocadéro 144304	Mirette 111268
Bruno	164591	gris	1923	Régisseur 133257	Mue 110836
Brunswick	164598	noir	1923	Nérac 112728	Ninette 118030
Brutal	164126	gris	1923	Pectiné 124801	Résinière 135658
Brutus	160273	gris	1923	Sorcier 136545	Krotone 92098
Brutus	160396	gris	1923	Lafayette 100646	Margot 108650
Brutus	160473	noir-zain	1923	Sapor 138736	Juvenie 88658
Brutus	160637	gris	1923	Rongetout 133602	Thessalie 140468
Brutus	161247	noir	1923	Simbleau 136949	Huisserie 74897
Brutus	164600	noir-zain	1923	Régisseur 133257	Joliette 85160
Bruyant	162052	gris	1923	Ténia 140572	Thésée 140205
Bruyant	164127	gris	1923	Pectiné 124801	Quanzonette 131172
Bryon	160826	noir	1923	Tronchoy 142698	Oprimée 120968
Bryon	162055	noir	1923	Taquin 140673	Echonne 146905
Bryon	164130	noir	1923	Saleux 139360	Oville 122768
Buandier	164133	gris-foncé	1923	Sapor 138736	Magie 110135

NOM	N°	ROBE	Naissance	PÈRE	MÈRE
Buat	162306	noir	1923	Pélissier 126603	Quolinière 129651
Bubalus	161101	gris	1923	Nyctalope 113635	Nébalie 111986
Bubon	162057	noir	1923	Quarteron 128933	Triomphe 140365
Bubon	164135	gris	1923	Nichet 117897	Pâtisserie 127969
Buccal	162059	gris	1923	Taquin 140673	Testatrice 140613
Buccal	164136	gris	1923	Pilon 127251	Présidente 125250
Buccin	162060	gris	1923	Taquin 140673	Léna 100970
Buccin	164137	noir	1923	Pilon 127251	Gauchette 75202
Bucentaure	160712	noir	1923	Trémolo 142642	Sophora 138206
Bucéphale	161095	gris	1923	Nyctalope 113635	Metella 106737
Bucéphale	161637	noir	1923	Perturbateur 125648	Tridacne 141826
Bucéphale	163606	noir	1923	Québec 131267	Louise 101622
Bûcher	160777	gris	1923	Souvenons 136704	Odeur 120792
Bûcheron	162064	gris	1923	Simbleau 136949	Sirène 137533
Bûcheron	164143	gris	1923	Turquin 142152	Maltaise 110189
Bûcheur	164144	gris-foncé	1923	Turquin 142152	Rogue 135952
Bucolique	160400	alezan	1923	Sang 136446	Mascotte 108662
Bucrâne	162068	alezan	1923	Taquin 140673	Tournette 143561
Budget	162069	gris	1923	Sedan 137277	Négatoire 114719
Budget	164148	noir	1923	Pilon 127251	Lignine 104231
Bufalo	161636	noir	1923	Perturbateur 125648	Quonstante 130417
Buffalo	162581	gris-vin.	1923	Tablier 142345	Humelière 77177
Buffet	160288	gris	1923	Souvenons 136704	Mimosa 105732
Buffet	162071	noir	1923	Taquin 140673	Ouvragée 121093
Buffet	164149	noir	1923	Pilon 127251	Olivacée 121594
Buffle	162072	gris-foncé	1923	Taquin 140673	Outrée 121091
Buffle	164151	noir	1923	Sillé 139709	Rose 132844
Buffletin	164152	gris	1923	Romand 135963	Queudepoële 130231
Buffon	161001	gris-rouan	1923	Ramoneur 133946	Sultane 136586
Buffon	164608	gris-clair	1923	Nénuphar 117675	Unique 59589
Bugeaud	164401	gris-foncé	1923	Polonais 125998	Urale 148578
Bugeaud	164610	noir	1923	Trivulce 144302	Muscologie 110879
Buggy	164153	noir-m.t.z	1923	Mercy 105783	Hampe 75362
Bugle	162075	gris-f.-a.	1923	Terreau 140590	Renardière 133943
Bugle	164155	gris	1923	Médisant 105527	Taye 142431
Buhler	164613	gris	1923	Régisseur 133257	Julie 88844
Buhot	164888	gris	1923	Trophonius 144319	Parure 128705
Buis	160075	gris-foncé	1923	Pélissier 126603	Nuit 114919
Buis	162076	noir	1923	Temps 140932	Ponantaise 126025
Buis	164156	gris-foncé	1923	Reynal 132841	Kacahuète 95509
Buisson	160529	noir	1923	Sanderling 136440	Spondée 137787
Buisson	161291	gris	1923	Quaduc 129371	Roquette 136325
Buisson	161701	noir	1923	Rongetout 133602	Hélène 74828
Buisson	162077	gris-foncé	1923	Terreau 140590	Rosette 134436
Buisson	162920	gris	1923	Sanderling 136440	Jaunette 87990

NOM	N°	ROBE	Naissance	PÈRE	MÈRE
Buisson	162946	noir	1923	Torfou 142773	Nargue 115577
Buisson	164159	gris	1923	Sapor 138736	Obsécration 122804
Buisson	164614	gris	1923	Siphon 138226	Hégire 97726
Buisson	164912	noir	1923	Servilly 139658	Taquine 144371
Buissonnier	164161	gris	1923	Télégraphe 140527	Obscuration 122801
Buko	160301	noir	1923	Souvenons 136704	Rameuse 133582
Bulbeux	162078	gris-foncé	1923	Terreau 140590	Nausée 114672
Bulbeux	164162	gris-bleu	1923	Télégraphe 140527	Panabase 127706
Bulgare	160508	gris-fer-f.	1923	Tralala 143618	Tigne 140336
Bulgare	164226	noir	1923	Rongetout 133602	Hébé 74529
Bulgare	162080	gris-vin.	1923	Terreau 140590	Urbise 145842
Bulgare	164163	gris	1923	Télégraphe 140527	Hérodiade 76140
Bulgaro	161230	noir	1923	Perturbateur 125648	Journée 83726
Bull	164615	gris-clair	1923	Nénuphar 117675	Ocanette 124040
Bullant	164616	gris	1923	Strasbourg 139864	Tricasse 144281
Bulldog	160966	gris	1923	Sauteur 137147	Hotte 74169
Bullet	164618	gris	1923	Tilly 144173	Lérouville 102154
Bulletin	162081	gris	1923	Terreau 140590	Jacasserie 85235
Bulletin	164166	gris-foncé	1923	Sapor 138736	Tonsure 143460
Bulleux	162082	gris-foncé	1923	Terreau 140590	Réale 134579
Bulleux	164169	gris	1923	Médisant 105527	Perrière 124963
Bullion	164619	gris	1923	Régisseur 133257	Moie 110823
Bulow	164620	gris	1923	Régisseur 133257	Misnie 110056
Buloz	164621	gris	1923	Trichey 142668	Muscarine 110876
Bunyan	164622	gris	1923	Trichey 142668	Muabilité 110832
Buot	160368	gris	1923	Saumur 136404	Naize 112255
Buot	164372	gris-foncé	1923	Neigeux 112725	Karavane 97494
Buot	164903	noir	1923	Keris 93769	Quenotte 132694
Bupreste	164170	gris	1923	Médisant 105527	Stade 139238
Buraliste	162084	gris	1923	Temps 140932	Tamise 141829
Buraliste	164171	gris	1923	Médisant 105527	Javalle 86007
Burat	162085	noir	1923	Stokolme 138147	Oaxaca 121194
Burat	164172	gris-bleu	1923	Médisant 105527	Pervenche 124964
Buratin	162086	noir	1923	Stokolme 138147	Upsala 145803
Buratin	164175	gris-foncé	1923	Reynal 132841	Roche 134644
Burdo	164625	gris	1923	Ténor 141042	Noctiflore 117956
Buré	163781	gris-foncé	1923	Turbigot 141009	Négrerie 116876
Bureau	162089	noir	1923	Taquin 140673	Quératine 129540
Bureau	164176	gris-foncé	1923	Télégraphe 140527	Selecte 136919
Buret	161335	gris	1923	Médisant 105527	Soignolle 139742
Burgau	162094	gris	1923	Taquin 140673	Océanie 121200
Burgau	164181	gris-clair	1923	Mercy 105783	Qlisse 131828
Burgos	164626	gris	1923	Ténor 141042	Nestorienne 117875
Burgrave	160189	gris-foncé	1923	Trinôme 141528	Mézière 105832
Burgrave	162095	gris	1923	Taquin 140673	Rébecca 134280

NOM	N°	ROBE	Naissance	PÈRE	MÈRE
Burgraviat	164184	gris	1923	Sapor 138736	Pandème 127722
Buridan	164403	gris-clair	1923	Polonais 125998	Saire 139349
Buridan	164627	gris	1923	Trichey 142668	Muance 110833
Burin	162096	gris	1923	Taquin 140673	Sociologie 137564
Burin	163101	gris-foncé	1923	Relevant 133297	Mariette 109122
Burin	164185	gris-foncé	1923	Tréport 142647	Rosalie 64537
Burineur	162097	gris	1923	Taquin 140673	Kusmat 90395
Burineur	164187	gris	1923	Sillé 139709	Oléosa 120460
Burlamaqui	164629	gris	1923	Oct 118821	Saubrigue 139454
Burmann	164631	noir	1923	Nicobar 118452	Neustrie 118485
Burnet	164633	gris	1923	Impérator 83461	Kalmie 97573
Burnou	162304	gris	1923	Quadricycle 128838	Haquenée 73930
Burnous	162099	gris-foncé	1923	Stokolme 138147	Usine 146850
Burnous	164189	gris	1923	Médisant 105527	Restrictive 135683
Buron	162101	alezan	1923	Terreau 140590	Naturelle 114662
Buron	163237	noir	1923	Mordicant 110698	Lette 104136
Buron	164191	gris-foncé	1923	Médisant 105527	Panémone 127731
Burrhus	164639	gris	1923	Péplum 124974	Pise 127260
Bursal	164193	gris	1923	Télégraphe 140527	Mazarine 106159
Burton	164640	gris	1923	Péplum 124974	Moye 110827
Bury	164641	gris	1923	Impérator 83461	Mycose 110913
Busard	162103	gris-rouan	1923	Terreau 140590	Réclame 133254
Busard	164194	gris-foncé	1923	Néflier 111919	Retombe 135712
Busc	162105	gris	1923	Stokolme 138147	Jenny 86137
Busc	164195	gris-foncé	1923	Néflier 111919	Sardine 64971
Busembaum	164663	noir	1923	Targon 144038	Noologie 117994
Busiris	164644	gris	1923	Trembley 144261	Méduse 104873
Busqué	160421	noir	1923	Souvenons 136704	Orseille 121023
Bussang	164645	gris	1923	Trochu 144305	Saltarelle 140053
Buste	162106	alezan-br.	1923	Terreau 140590	Rénette 133717
Buste	164197	noir-zain	1923	Médisant 105527	Urelle 148861
But	162107	noir-zain	1923	Stokolme 138147	Paresse 127825
But	164202	gris	1923	Néflier 111919	Gitana 70028
Buté	160131	gris	1923	Tictac 140979	Quorlaye 129099
Butin	160935	noir	1923	Quintanar 129225	Niche 114411
Butin	162108	noir	1923	Trappon 143649	Menée 107724
Butin	164203	gris	1923	Nichet 117897	Quorbinière 132288
Butineur	162115	gris-clair	1923	Tirailleur 143385	Quella 129119
Butineur	164205	gris	1923	Néflier 111919	Pétrie 128252
Butler	164648	gris	1923	Target 144040	Opérette 123869
Butoir	162112	gris	1923	Tictac 140979	Rochelle 133451
Butoir	164207	gris	1923	Quasson 131729	Nouâtre 117471
Butor	160174	gris	1923	Trinôme 141528	Tune 140855
Butor	160708	gris-foncé	1923	Sapor 138736	Nukchy 112456
Butor	162118	gris	1923	Nyctalope 113635	Onte 121172

NOM	N°	ROBE	Naissance	PÈRE	MÈRE
Butor	164212	gris	1923	Tartare 140997	Napée 117145
Butter	164213	gris	1923	Turbulent 143938	Héléna 93500
Buttmann	164664	gris	1923	Tribur 144284	Moulue 110803
Buttoir	162119	bai	1923	Nyctalope 113635	Isba 81346
Buttoir	164217	gris	1923	Romand 135963	Table 144002
Buttor	160328	gris	1923	Ramoneur 133946	Grisetta 75199
Buttor	160554	noir	1923	Saleux 139360	Officière 122915
Butyreux	164220	gris-foncé	1923	Quasson 131729	Torchette 143483
Buvard	160219	gris-tr.-f.	1923	Nyctalope 113635	Urtière 145371
Buvard	162123	gris	1923	Quaduc 129371	Seine 138026
Buvard	164223	gris	1923	Quasson 131729	Jabesh 87368
Buveau	160990	noir	1923	Trinôme 141528	Urcine 146911
Buvetier	164224	gris	1923	Thalweg 140873	Perpétue 127168
Buveur	160989	gris	1923	Trinôme 141528	Quolle 130203
Buveur	164225	gris	1923	Nichet 117897	Turquoise 143972
Buxton	164649	gris	1923	Strasbourg 139864	Moyette 110829
Buxy	164650	gris	1923	Strasbourg 139864	Urbanité 149708
Buzançais	164661	noir	1923	Tobol 144205	Jonquille 86650
Buzot	164654	gris	1923	Trembley 144261	Kabylie 97306
Byblos	164655	gris	1923	Trembley 144261	Eglantine 64071
Byng	164656	gris	1923	Trochu 144305	Camille 66483
Byron.	162126	gris-clair	1923	Triennat 141840	Ourale 119856
Byron	164230	gris-clair	1923	Quasson 131729	Sissonne 139730
Byron	164404	gris-cl.-v.	1923	Polonais 125998	Thèbes 144105
Byron	164659	noir	1923	Tobol 144205	Marianna 111184
Byronien	162124	gris	1923	Quaduc 129371	Kenouille 92180
Byronien	164229	gris-foncé	1923	Télégraphe 140527	Laplume 102860
Byrrh	164232	gris	1923	Romand 135963	Repasse 135599
Byssus	164238	noir-m.t.r	1923	Kourlis 95894	Mandrille 110223
Byzantin	160146	gris	1923	Temps 140932	Obérie 119059
Byzantin	160963	gris	1923	Quaduc 129371	Image 80562
Byzantin	164235	gris	1923	Quompromis 132021	Saulce 139465
Byzantin	164660	noir	1923	Target 144040	Qualité 132645

STUD-BOOK PERCHERON

JUMENTS

STUD-BOOK PERCHERON

JUMENTS

NOM	N°	ROBE	Naissance	PÈRE	MÈRE
Babel	161310	grise	1923	Nyctalope 113635	Gamine 70777
Babel	162128	noir-zain	1923	Mylord 107421	Saphirine 137096
Babel	164239	gris-foncé	1923	Quompromis 132021	Marbrée 110296
Babet	161525	noire	1923	Quaïman 129648	Radicelle 134912
Babette	160251	gris-foncé	1923	Quaduc 129371	Obstinée 119449
Babette	160798	grise	1923	Sapor 138736	Qrinière 130267
Babette	160972	grise	1923	Ténia 140572	Trigonelle 141846
Babillarde	161131	noire	1923	Séducteur 137280	Toscane 141556
Babillarde	164240	gris-foncé	1923	Turbigot 141009	Réglette 135395
Babillarde	164666	grise	1923	Recteur 135313	Larue 102867
Babine	160208	gris-foncé	1923	Tictac 140979	Sabine 136693
Babine	161401	noire	1923	Neuilly 112606	Radiation 134911
Babine	162931	grise	1923	Névrosé 113735	Galbeuse 93316
Babine	164668	grise	1923	Obstructif 120705	Roxane 136146
Babiole	160081	noire	1923	Quissac 130271	Quiche 131147
Babiole	160638	grise	1923	Rongetout 133602	Rabiole 132782
Babiole	160686	grise	1923	Polonais 125998	Parcelle 128676
Babiole	161399	noir-zain	1923	Radeau 134903	Oéchalia 122591
Babiole	162934	noire	1923	Névrosé 113735	Haine 76093
Baboline	161638	noire	1923	Perturbateur 125648	Trahison 141665
Bâbord	160810	grise	1923	Saleux 139360	Palmeraie 127687
Babouche	160083	noire	1923	Quissac 130271	Nozerolle 116720
Babouche	161511	grise	1923	Lutécien 102720	Parodie 127579
Babouche	162269	gris-clair	1923	Sabarat 139316	Soubise 138028
Babouche	162938	grise	1923	Remisier 133326	Jacqueline 86871

NOM	N°	ROBE	Naissance	PÈRE	MÈRE
Babouche	164675	grise	1923	Strasbourg 139864	Quarantaine 1325[illegible]
Babouine	162933	grise	1923	Névrosé 113735	Morue 106648
Babouine	164674	noir-zain	1923	Tribur 144284	Irma 81037
Baby	160285	gris-vin.	1923	Souvenons 136704	Janizette 85843
Baby	161240	grise	1923	Trescheur 141763	Nicole 114221
Babylone	160106	noire	1923	Treignac 142130	Listel 102997
Babylone	162129	grise	1923	Mylord 107421	Lamaitrie 98796
Babylone	164241	grise	1923	Turbigot 141009	Lobélie 101562
Babylonie	162131	noire	1923	Solognot 137612	Trébie 142133
Babylonie	164244	gris-bleu	1923	Kourlis 95894	Girandole 72878
Babylonne	160520	noire	1923	Sorcier 136545	Lave 98912
Bacchanale	160084	noire	1923	Quissac 130271	Kerdouairière 9532[illegible]
Bacchanale	161531	noire	1923	Quaïman 129648	Tique 143246
Bacchanale	164245	gris-foncé	1923	Kourlis 95894	Mutinerie 109514
Bacchanale	164676	noir-zain	1923	Maquis 110284	Neslla 118100
Bacchante	160088	noire	1923	Remisier 133326	Pataude 124440
Bacchante	161532	noire	1923	Radeau 134903	Manitora 111074
Bacchante	162132	gris-foncé	1923	Téléphone 142061	Orientation 122031
Bacchante	162939	grise	1923	Névrosé 113735	Kerlapine 95977
Bacchante	164677	noire	1923	Tambourin 143299	Koboldine 95955
Bâche	160091	grise	1923	Recueil 133111	Pelote 55039
Bâche	160235	gris-foncé	1923	Trumeau 141489	Quamoufle 1288[illegible]
Bâche	162940	noire	1923	Remisier 133326	**Pulsative 126839**
Bâche	164678	grise	1923	Tambourin 143299	Musette 111126
Bachelière	162944	grise	1923	Remisier 133326	Parana 127001
Bachelière	164680	gris-foncé	1923	Tribur 144284	Haltère 97729
Bachik	161231	grise	1923	Perturbateur 125648	Pinace 125799
Bachotte	160114	noire	1923	Sanderling 136440	Quommode 130886
Bachotte	162948	grise	1923	Négligent 112708	Parisienne 127007
Bacille	164684	noire	1923	Tambourin 143299	Ostéine 123825
Bacillose	160118	grise	1923	Quissac 130271	Piocheuse 124836
Bacillose	162952	grise	1923	Torfou 142773	Réfugiée 135360
Bacillose	164685	baie	1923	Tambourin 143299	Pertuisane 128225
Bâcle	162953	grise	1923	Remisier 133326	Kastomia 95303
Bâcle	164686	noire	1923	Nicobar 118452	Diane 96991
Bâclée	160589	noire	1923	Sablon 136420	Takké 141012
Bacqueville	162135	noire	1923	Tendant 140559	Hochette 74936
Bacqueville	164250	grise	1923	Romand 135963	Nicomédie 117228
Bactéridie	162248	grise	1923	Nyctalope 113635	Pesante 124771
Bactéridie	162957	grise	1923	Remisier 133326	Qrimée 131080
Bactéridie	164687	noire	1923	Tobol 144205	Trévire 143697
Bacterie	160879	noire	1923	Nyctalope 113635	Sarcophage 137119
Bactérie	162255	noir-m.t.z	1923	Quaduc 129371	Hamusante 76842
Bactérie	162962	noire	1923	Quissac 130271	Nénie 112156
Bactriane	162130	grise	1923	Mylord 107421	Koquille 91267

NOM	N°	ROBE	Naissance	PÈRE	MÈRE
Bactriane	164253	gris-foncé	1923	Nichet 117897	Moisière 107811
Bactrienne	164693	gris-foncé	1923	Obstructif 120705	Quotité 131937
Bactriole	162964	noire	1923	Polus 126947	Konstantine 94102
Baculite	162967	noire	1923	Polus 126947	Kustine 95389
Baculite	164699	grise	1923	Tambourin 143299	Pintade 128570
Badamie	164701	grise	1923	Maquis 110284	Liesse 104514
Badaude	162971	grise	1923	Névrosé 113735	Minceur 110555
Badaude	164702	noire	1923	Recteur 135313	Elisa 64174
Bade	162136	grise	1923	Téléphone 142061	Lunatique 103084
Bade	164261	noire	1923	Sillé 139709	Mouvette 57460
Badeleine	160660	grise	1923	Tablier 142345	Madeleine 107682
Baderne	160122	grise	1923	Sanderling 136440	Niaiserie 115752
Baderne	162968	grise	1923	Polus 126947	Térébelle 143108
Baderne	164704	grise	1923	Obstructif 120705	Giroflée 87758
Badette	161229	noir-zain	1923	Rongetout 133602	Perrette 125600
Badiane	160123	grise	1923	Tronchoy 142698	Hâtive 77155
Badiane	162230	noir-zain	1923	Quadricycle 128838	Trutte 141116
Badine	160214	baie	1923	Nyctalope 113635	Nodale 112024
Badine	160594	gris-foncé	1923	Sablon 136420	Ronde 132774
Badine	160684	gris-foncé	1923	Polonais 125998	Mulette 110846
Badine	161105	noire	1923	Surdos 140045	Lahaie 100863
Badine	161517	gris-fer	1923	Quaïman 129648	Noiseraie 116067
Badine	162296	gris-foncé	1923	Saumur 136404	Souris 138060
Badine	162550	grise	1923	Sang 136446	Quolombe 130862
Badine	162981	grise	1923	Polus 126947	Pétillante 125148
Badine	164617	grise	1923	Trocadéro 144304	Carola 69114
Badine	164709	grise	1923	Tambourin 143299	Uzine 149564
Badinète	162972	grise	1923	Névrosé 113735	Ulm 145265
Badoche	162973	grise	1923	Polus 126947	Naine 115565
Badoche	164710	noire	1923	Quinaud 132720	Quivola 132569
Badoise	160366	gris-clair	1923	Stokolme 138147	Nokasse 111612
Badoise	162976	grise	1923	Remisier 133326	Neulette 116578
Badoise	164712	noire	1923	Recteur 135313	Quadrillette 131953
Baétérie	161548	gris-fer	1923	Radeau 134903	Nomade 116068
Bafouille	160796	grise	1923	Sapor 138736	Quillette 131411
Bafouille	161519	grise	1923	Lutécien 102720	Léa 99626
Bagage	160812	noire	1923	Saleux 139360	Hignonne 76694
Bagarre	160372	noir-zain	1923	Sanderling 136440	Touques 142103
Bagarre	161520	noire	1923	Lutécien 102720	Raisonneuse 134896
Bagarre	164713	noire	1923	Maquis 110284	Théoricienne 143304
Bagasse	160367	gris-clair	1923	Saumur 136404	Kollinée 91753
Bagasse	161073	grise	1923	Tablier 142345	Lénore 97822
Bagasse	164714	grise	1923	Lutécien 102720	Ogriou 123932
Bagatelle	160357	noire	1923	Tarif 140860	Kine 91691
Bagatelle	160373	grise	1923	Sanderling 136440	Urgonienne 147709

NOM	N°	ROBE	Naissance	PÈRE	MÈRE
Bagatelle	161501	gris-fer	1923	Neuilly 112606	Palette 127582
Bagatelle	162982	noire	1923	Quissac 130271	Qroisille 131089
Bagatelle	163095	grise	1923	Sexto 137450	Tartine 142039
Bagatelle	164719	noire	1923	Sedan 140175	Poupée 128596
Bagaude	164269	noire	1923	Sillé 139709	Feuillée 63311
Bagdad	161250	noire	1923	Simbleau 136949	Kramérie 89687
Bagdad	162138	grise	1923	Lichas 98731	Hocheuse 76644
Bagdad	164264	noir-m. t.	1923	Sillé 139709	Nocette 117252
Bagnère	162140	noire	1923	Lichas 98731	Brebis 75094
Bagnère	164271	gris-bleu	1923	Reynal 132841	Péréfixe 127142
Bagnole	160377	grise	1923	Torfou 142773	Quintanie 129221
Bagnole	162984	grise	1923	Névrosé 113735	Paonne 124438
Bagnole	164272	baie	1923	Sillé 139709	Orivale 122678
Bagnole	164721	noir-zain	1923	Ravignan 136302	Quinzaine 132722
Bague	160750	grise	1923	Sablon 136420	Ugue 144694
Bague	161450	gris-tr.-f.	1923	Lutécien 102720	Masculine 110997
Bague	162290	noire	1923	Trappon 143649	Influence 80599
Bague	162986	noire	1923	Névrosé 113735	Taxenne 142430
Bague	164725	gris-vin.	1923	Maquis 110284	Lombarde 104535
Baguenaude	162988	noire	1923	Névrosé 113735	Biche 53644
Baguette	160380	noir-zain	1923	Stimulant 137850	Randonnée 135058
Baguette	161446	grise	1923	Lutécien 102720	Manola 108291
Baguette	162992	grise	1923	Névrosé 113735	Tangue 140654
Baguette	164731	noire	1923	Servilly 139658	Simonetta 140002
Bahérie	164208	grise	1923	Quasson 131729	Léonore 98904
Bahia	162144	grise	1923	Tablier 142345	Thermaïque 141976
Bahia	164273	grise	1923	Sillé 139709	Perruque 125420
Bahulière	161199	grise	1923	Turgot 141541	Tournerie 141617
Baïa	161235	grise	1923	Trescheur 141763	Navarraise 112680
Baignade	160381	bai-brun	1923	Sanderling 136440	Orientale 122029
Baignade	161447	gris-tr.-f.	1923	Lutécien 102720	Jardre 88415
Baignade	162993	grise	1923	Névrosé 113735	Modiste 107188
Baigneuse	160436	grise	1923	Pélissier 126603	Salda 136712
Baigneuse	161360	noir-zain	1923	Névrosé 113735	Lorça 100203
Baigneuse	162159	gris-clair	1923	Lichas 98731	Opaline 120852
Baigneuse	162994	noire	1923	Polus 126947	Nysa 115168
Baigneuse	164275	gris-foncé	1923	Nichet 117897	Lauzerte 102889
Baigneuse	164734	grise	1923	Ravignan 136302	Saynète 140017
Baignoire	161453	gris-tr.-f.	1923	Thomas 141023	Quiétude 132598
Baignoire	162995	noire	1923	Névrosé 113735	Tavera 142422
Baile	162997	noir-zain	1923	Stimulant 137850	Limagne 100317
Baillie	164735	gris-foncé	1923	Maquis 110284	Scolie 140018
Baillive	160564	baie	1923	Médisant 105527	Nourrice 112388
Baïonnette	160389	bai-br.-z.	1923	Succès 137926	Pâtée 124666
Baïonnette	163004	noire	1923	Stimulant 137850	Rapiate 135152

NOM	N°	ROBE	Naissance	PÈRE	MÈRE
Baïonnette	164736	gris-foncé	1923	Ravignan 136302	Lozère 104543
Baïoque	164737	noire	1923	Maquis 110284	Nudité 118141
Baïse	162160	noire	1923	Receveur 133074	Pitaude 125954
Baïse	164277	noir-m.-t.	1923	Mercy 105783	Clémence 131944
Baisse	163006	grise	1923	Mylord 107421	Patrie 127060
Baisse	164738	grise	1923	Maquis 110284	Taupinière 143307
Baissière	160392	noire	1923	Téléphone 142061	Olivette 120590
Baissière	163007	grise	1923	Stimulant 137850	Quinette 131934
Bajocienne	161117	gris-vin.	1923	Simbleau 136949	Lathuile 102096
Bajore	160393	noire	1923	Sanderling 136440	Quiésérite 129578
Bajoue	163009	grise	1923	Mylord 107421	Septante 137004
Bajoue	164742	grise	1923	Teck 144406	Sécurité 140028
Bakel	164278	grise	1923	Transversal 141152	Cloutière 130146
Bakou	162176	gris-clair	1923	Lichas 98731	Nive 113020
Bakounine	164279	grise	1923	Truc 140852	Pluvieuse 124787
Balaâ	161305	grise	1923	Simbleau 136949	Potasse 126097
Balade	160308	grise	1923	Ramoneur 133946	Salade 136730
Balade	160414	noire	1923	Santander 138727	Pinine 128369
Balade	163010	grise	1923	Mylord 107421	Titine 141764
Baladeuse	160530	gris-foncé	1923	Saumur 136404	Quivienne 129572
Baladeuse	162237	noire	1923	Souvenons 136704	Ouspillée 120331
Baladeuse	163011	noire	1923	Mylord 107421	Usseau 146920
Baladine	163012	grise	1923	Mylord 107421	Uniate 147002
Balafre	160531	grise	1923	Saumur 136404	Ollierguе 122260
Balafre	160943	grise	1923	Quaduc 129371	Pie 125091
Balafre	161449	gris-f.-v.	1923	Lutécien 102720	Pépite 128160
Balaklava	162162	noir-zain	1923	Ouistreham 120076	Jubine 85605
Balaklava	164281	noire	1923	Truc 140852	Nitrière 117931
Balance	160476	gris-foncé	1923	Reynal 132841	Toilette 141092
Balance	160532	noire	1923	Sanderling 136440	Laiche 100166
Balance	161454	gris-fer	1923	Thomas 141023	Outre 123301
Balance	162164	noire	1923	Ouistreham 120076	Quase 128786
Balance	163015	gris-foncé	1923	Mylord 107421	Uve 147256
Balance	164283	noire	1923	Stokolme 138147	Puce 125113
Balancelle	163016	grise	1923	Mylord 107421	Nitrosité 113488
Balancine	163017	grise	1923	Mylord 107421	Nouvelle 112761
Balancine	164753	gris-rouan	1923	Régisseur 133257	Olibria 122597
Balançoire	160102	noire	1923	Treignac 142130	Souris 98329
Balançoire	161537	grise	1923	Neuilly 112606	Ingénue 82947
Balançoire	163018	grise	1923	Stimulant 137850	Rigolette 135164
Balandre	163020	grise	1923	Stimulant 137850	Kronstadt 95225
Balane	163021	noir-zain	1923	Stimulant 137850	Méringue 108355
Balanite	160789	grise	1923	Reynal 132841	Torque 141362
Balayette	160540	grise	1923	Saumur 136404	Poterne 126109
Balayette	160951	gris-vin.	1923	Simbleau 136949	Colombe 52762

NOM	N°	ROBE	Naissance	PÈRE	MÈRE
Balayette	163025	noire	1923	Quarteron 128953	Oignie 122420
Balayeuse	160538	grise	1923	Quadricycle 128838	Lamelle 104580
Balayeuse	163022	noir-zain	1923	Stimulant 137850	Satirique 138533
Balbutie	160539	gris-foncé	1923	Saumur 136404	Tabagie 140212
Balbutie	163026	noire	1923	Quarteron 128953	Plaisante 127067
Bale	160410	noire	1923	Polus 126947	Lainière 100175
Bâle	162189	noire	1923	Sang 136446	Pérégrine 125002
Bale	163027	grise	1923	Stimulant 137850	Quintine 131131
Bâle	164289	grise	1923	Trébuchet 143660	Mandoline 104794
Baléare	160417	grise	1923	Saleux 139360	Pocharde 125119
Baléare	164293	gris-bleu	1923	Trophonius 144319	Neuvaine 118369
Baleine	160408	noire	1923	Roulans 134739	Mélibée 106647
Baleine	160479	gris-foncé	1923	Sapor 138736	Rapière 133819
Baleine	161546	noire	1923	Neuilly 112606	Japonaise 88926
Baleine	163028	noire	1923	Stimulant 137850	Hilarité 77020
Baleine	163113	noire	1923	Sion 139143	Marinette 109092
Baleine	164757	gris-rouan	1923	Kerdrain 95437	Gossette 93318
Baleinière	160413	noire	1923	Raynouard 133959	Pannonie 126964
Baleinière	163029	noire	1923	Quarteron 128953	Insolvable 82371
Balette	161312	grise	1923	Nyctalope 113635	Hindoustanie 76747
Balèvre	163033	grise	1923	Quarteron 128953	Repartie 133667
Balèvre	164758	grise	1923	Maquis 110284	Levantine 104546
Balise	160409	noire	1923	Roulans 134739	Patouillarde 126945
Balise	160778	grise	1923	Sabarat 139316	Perspective 125456
Balise	161130	grise	1923	Turgot 141541	Rubace 134028
Balise	161551	noire	1923	Quaïman 129648	Randonnée 134872
Balise	162212	gris-foncé	1923	Ouistreham 120076	Anisette 57758
Balise	163035	noire	1923	Quarteron 128953	Lili 103336
Balise	163103	noire	1923	Relevant 133297	Mazurka 109054
Balise	164759	gris-tr.-f.	1923	Ravignan 136302	Quenotte 132588
Baliste	161422	gris-fer	1923	Quaïman 129648	Sortosville 139786
Baliste	163036	noir-zain	1923	Stimulant 137850	Locomotive 103250
Balistique	160255	grise	1923	Quaduc 129371	Quantine 129696
Balistique	160690	gris-foncé	1923	Reynal 132841	Oie 120737
Balivage	160138	gris-foncé	1923	Terreau 140590	Séparation 136473
Baliverne	160545	noire	1923	Treignac 142130	Mirette 108621
Baliverne	160621	grise	1923	Ténia 140572	Tyrolienne 140274
Baliverne	161097	noire	1923	Simbleau 136949	Outarde 119657
Baliverne	161116	baie	1923	Simbleau 136949	Tamerline 58515
Baliverne	161556	gris-fer	1923	Lutécien 102720	Ténue 143341
Baliverne	163037	grise	1923	Succès 137926	Qualité 128934
Baliverne	164761	grise	1923	Kerdrain 95437	Hussarde 78117
Balivette	161302	baie	1923	Trescheur 141763	Katalane 91181
Balkanie	164294	grise	1923	Quompromis 132021	Messaline 104905
Ballade	160230	noir-zain	1923	Quaduc 129371	Mérope 105803

NOM	N°	ROBE	Naissance	PÈRE	MÈRE
Ballade	160623	grise	1923	Ténia 140572	Isolée 80486
Ballade	161448	gris-c-d-m	1923	Lutécien 102720	Malice 111019
Ballade	162148	noire	1923	Tablier 142345	Néolatine 114358
Ballade	163038	grise	1923	Succès 137926	Koinctes 95145
Ballade	164763	grise	1923	Teck 144406	Matte 109890
Balladeuse	160239	gris-foncé	1923	Souvenons 136704	Moniche 105327
Ballanche	164295	grise	1923	Tyroglyphe 143987	Revision 135777
Ballante	163041	grise	1923	Succès 137926	Saxatile 138545
Ballastière	163043	noire	1923	Stimulant 137850	Mania 105104
Balle	160624	gris-clair	1923	Simbleau 136949	Parasange 124470
Balle	160633	grise	1923	Sabarat 139316	Ségovie 136339
Balle	161557	noire	1923	Thomas 141023	Ortolofane 123849
Balle	163044	grise	1923	Stimulant 137850	Retaille 134036
Balle	164764	noire	1923	Kerdrain 95437	Saulaie 140008
Ballerine	160137	gris-fer	1923	Terreau 140590	Spa 136633
Ballerine	160215	gris-foncé	1923	Quaduc 129371	Lacune 101669
Ballerine	160627	grise	1923	Saumur 136404	Lassitude 101774
Ballerine	160998	grise	1923	Trumeau 141489	Mule 107035
Ballerine	163046	noire	1923	Quarteron 128953	Emaillée 97062
Ballonne	160628	grise	1923	Saumur 136404	Torgau 144553
Ballonnée	163047	grise	1923	Polus 126947	Oudenarde 122362
Ballote	163049	grise	1923	Mylord 107421	Touquette 142593
Ballote	164772	noire	1923	Maquis 110284	Marsala 111153
Ballottine	160636	grise	1923	Suceur 137935	Scalde 137177
Balme	164296	grise	1923	Tyroglyphe 143987	Koralie 96780
Balnéable	163053	noir-zain	1923	Stimulant 137850	Semence 138530
Balosse	160938	grise	1923	Nyctalope 113635	Picotine 125750
Balourde	161349	grise	1923	Quaduc 129371	Savante 140188
Balourde	163054	grise	1923	Stimulant 137850	Ninette 115777
Balourdise	161456	noire	1923	Thomas 141023	Obstruction 122518
Balourdise	163055	noir-zain	1923	Sanderling 136440	Kastille 95408
Balsamine	160464	grise	1923	Sabarat 139316	Quardia 129999
Balsamine	160639	noir-zain	1923	Sébastopol 137245	Nomenclature 113869
Balsamine	162288	grise	1923	Sablon 136420	Osmose 121041
Balsamine	163057	noire	1923	Sanderling 136440	Mandane 107159
Balsamite	163058	grise	1923	Sanderling 136440	Quoxcie 131046
Baltimore	164297	noire	1923	Régis 134284	Olive 123983
Baltique	160772	gris-vin.	1923	Traiteur 141679	Ozeraille 124160
Baltique	161540	noire	1923	Thomas 141023	Risée 135879
Baltique	162142	noir-zain	1923	Tablier 142345	Terceira 141921
Baltique	164299	grise	1923	Tyroglyphe 143987	Kadora 97301
Balue	163553	grise	1923	Saosnois 138835	Noce 115117
Balustrade	160613	noire	1923	Sorcier 136545	Riquette 133596
Balustrade	160645	gris-clair	1923	Polus 126947	Récolte 133142
Balustrade	163060	noir-zain	1923	Kalot 92507	Poltava 127283

NOM	N°	ROBE	Naissance	PÈRE	MÈRE
Balzane	163061	grise	1923	Kalot 92507	Nostalgie 117818
Bamako	163554	gris-vin.	1923	Tandem 140645	Tartuferie 142999
Bambine	163062	noire	1923	Négligent 112708	Bichette 78549
Bamboche	160178	grise	1923	Souvenons 136704	Pivoine 124203
Bamboche	160647	grise	1923	Saumur 136404	Réprimante 133675
Bamboche	163063	grise	1923	Supérieur 137000	Klasse 94961
Bamboche	163556	grise	1923	Tandem 140645	Tantalite 142944
Bamboula	160649	noire	1923	Téléphone 142061	Larve 101763
Bamboula	163064	noir-zain	1923	Mordicant 110698	Karène 94857
Bambyce	163557	noire	1923	Tandem 140645	Nigritie 115103
Banale	160652	gris-clair	1923	Tablier 142345	Quastalie 130805
Banale	163065	grise	1923	Supérieur 137000	Paie 124262
Banalité	163068	noire	1923	Kalot 92507	Nonne 112862
Banane	160094	grise	1923	Treignac 142130	Napillonne 113782
Banane	160160	gris-foncé	1923	Nyctalope 113635	Pêche 125165
Banane	160595	noire	1923	Sablon 136420	Radiante 132810
Banane	160814	grise	1923	Saleux 139360	Noggia 113466
Banane	162151	gris-clair	1923	Tablier 142345	Propre 126390
Banane	163069	grise	1923	Remonteur 134855	Merveille 105143
Bananerie	163073	noire	1923	Mordicant 110698	Laize 97922
Banania	160248	gris-foncé	1923	Trumeau 141489	Opposée 120435
Bancale	163075	grise	1923	Kalot 92507	Mineure 110568
Bancelle	160274	gris-tr.-f.	1923	Souvenons 136704	Tasmanie 140793
Bancelle	163079	grise	1923	Kalot 92507	Smyrne 138597
Bancelle	164777	grise	1923	Nicobar 118452	Pétillante 128614
Bancroche	164778	grise	1923	Nicobar 118452	Question 132595
Banda	163562	noire	1923	Oubeux 121183	Polaire 126583
Bande	163082	grise	1923	Kalot 92557	Poulotte 127088
Bandelette	163084	noire	1923	Mordicant 110698	Oniromance 119196
Bandelette	164779	grise	1923	Nicobar 118452	Jacinthe 98521
Banderille	163085	grise	1923	Kalot 92507	Quannelée 131570
Banderille	164785	grise	1923	Maquis 110284	Matraque 111122
Banderole	161406	noire	1923	Quaïman 129648	Sibylle 138982
Banderole	163088	grise	1923	Négligent 112708	Potidée 127316
Banderolle	164786	grise	1923	Maquis 110284	Olive 123756
Bandière	163089	grise	1923	Remisier 133326	Ibérienne 82217
Bandière	164787	noire	1923	Tugny 142721	Sente 139107
Bandoline	163091	bai-brun	1923	Succès 137926	Néantise 115657
Bandoulière	161379	gris-fer	1923	Séquoia 137376	Palanche 126591
Bangalore	163565	noire	1923	Quissac 130271	Lavallière 100701
Banlieue	161402	gris-f.-vin	1923	Quaïman 129648	Tondaille 143206
Banlieue	163102	noire	1923	Relevant 133297	Sultane 138843
Banne	160733	gris-foncé	1923	Sapor 138736	Saphène 138120
Banne	163124	gris-cend.	1923	Sombacour 139758	Obtention 121397
Bannette	163125	gris-foncé	1923	Pilon 127251	Sicyone 138956

NOM	N°	ROBE	Naissance	PÈRE	MÈRE
Bannie	163127	gris-fer	1923	Pilon 127251	Oeillère 121506
Bannière	160670	noire	1923	Tronchoy 142698	Hactrice 76557
Bannière	161499	bai-zain	1923	Sardinier 136860	Oisive 122477
Bannière	163128	noire	1923	Pilon 127251	Kameline 95601
Banque	160669	gris-foncé	1923	Tronchoy 142698	Parménide 127013
Banque	160734	gris-foncé	1923	Sablon 136420	Résiliée 134350
Banque	163130	gris-clair	1923	Sombacour 139758	Kolette 97737
Banquette	163132	gris-foncé	1923	Sowiet 138145	Ogivette 122949
Banquière	163135	gris-foncé	1923	Sowiet 138145	Hautaine 73595
Banquise	160674	gris-fer	1923	Supérieur 137000	Régie 135378
Banquise	161500	noire	1923	Sardinier 136860	Oiseuse 122476
Banquise	163139	gris fer	1923	Négligent 112708	Qualamite 131440
Banville	163568	grise	1923	Polus 126947	Taurize 142419
Baquette	160233	bai châl.	1923	Nyctalope 113635	Saison 136579
Barandière	160383	grise	1923	Ouistreham 120076	Question 129140
Barante	163571	grise	1923	Névrosé 113735	Pertre 126751
Baraque	161415	grise	1923	Trognon 141660	Quirita 131323
Baraque	161498	gris-fer-f.	1923	Quaïman 129648	Kleista 96056
Baraque	163142	noire	1923	Supérieur 137000	Troisvilles 142690
Baraque	164795	noire	1923	Strasbourg 139864	Thébaine 143323
Baraquette	163143	gris-foncé	1923	Supérieur 137000	Isle 82132
Baraquette	164797	grise	1923	Thomas 141023	Nacaire 117514
Baraterie	163145	gris-fer	1923	Névrosé 113735	Nitouche 115539
Baratte	161136	grise	1923	Sauteur 137147	Usufructaire 146657
Baratte	161482	noire	1923	Quointro 132604	Tanaisie 143273
Baratte	161643	grise	1923	Rongetout 133602	Quongrue 130385
Baratte	162226	noire	1923	Sablon 136420	Popeline 126052
Baratte	163147	noire	1923	Néflier 111919	Olivaie 121596
Baratte	164798	noir-zain	1923	Thomas 141023	Hantise 77930
Barbacane	160679	noire	1923	Stimulant 137850	Ogenne 122421
Barbacane	164799	gris-foncé	1923	Tugny 142721	Tessère 143292
Barbacole	163150	noire	1923	Néflier 111919	Sécante 137259
Barbade	163575	grise	1923	Névrosé 113735	Oletta 122245
Barbarie	163151	noire	1923	Néflier 111919	Onéreuse 121657
Barbarie	163576	grise	1923	Névrosé 113735	Mère 110429
Barbarie	164802	gris-vin.	1923	Radeau 134903	Fauvette 81789
Barbarou	160242	gris-foncé	1923	Nyctalope 113635	Huitre 74395
Barbe	160517	gris-foncé	1923	Souvenons 136704	Lactique 97923
Barbe	160566	baie	1923	Trappon 143649	Obreptice 120739
Barbe	160770	grise	1923	Saleux 139360	Tricotière 143433
Barbe	161219	noire	1923	Trescheur 141763	Pimpante 125798
Barbe	162211	grise	1923	Tablier 142345	Prunelle 126467
Barbe	163153	noire	1923	Néflier 111919	Pivoine 69051
Barbe	163578	baie	1923	Oder 121578	Liberia 104564
Barbe	164805	grise	1923	Quaïman 129648	Thessalie 143356

NOM	N°	ROBE	Naissance	PÈRE	MÈRE
Barbebleue	160210	gris-foncé	1923	Saleux 139360	Plessine 125070
Barbelée	163155	gris-clair	1923	Névrosé 113735	Juliette 88141
Barberousse	163580	noire	1923	Névrosé 113735	Jumelle 88347
Barbette	160198	noire	1923	Ramoneur 133946	Perrine 124229
Barbette	160642	rouanne	1923	Trappon 143649	Kabotine 92442
Barbette	160988	grise	1923	Triadou 142667	Urodonale 146400
Barbette	161365	grise	1923	Tablier 142345	Pronation 126378
Barbette	163156	gris fer	1923	Névrosé 113735	Sécession 138809
Barbette	164807	grise	1923	Teck 144406	Javelotte 88862
Barbiche	160987	grise	1923	Quadricycle 128838	Pampe 124342
Barbiche	162270	noire	1923	Tendant 140559	Pointure 125222
Barbiche	163157	noire	1923	Névrosé 113735	Oisive 121599
Barbiche	164808	grise	1923	Teck 144406	Kabolette 96719
Barbichette	160331	grise	1923	Tralala 143618	Punaise 125122
Barbille	161022	grise	1923	Nyctalope 113635	Spazière 136527
Barbille	163158	gris-vin.	1923	Névrosé 113735	Sébonde 138808
Barboteuse	163159	noire	1923	Névrosé 113735	Lamette 100217
Barboteuse	163615	noire	1923	Recueil 133111	Lénore 102962
Barbotière	161026	gris-clair	1923	Trescheur 141763	Sonnette 137636
Barbotière	163160	noire	1923	Névrosé 113735	Timbale 142723
Barbotière	164819	grise	1923	Teck 144406	Ordination 124046
Barbotine	161027	grise	1923	Simbleau 136949	Turbine 140432
Barbotine	161479	grise	1923	Séquoia 137376	Komorre 97546
Barbotine	163162	gris-cend.	1923	Névrosé 113735	Quarpette 131585
Barbotine	164822	gris-rouan	1923	Teck 144406	Unilatérale 149643
Barbotte	160292	bai-chât.	1923	Temps 140932	Perle 125266
Barbotte	160452	noire	1923	Tralala 143618	Réquista 133155
Barbotte	160561	gris-foncé	1923	Trappon 143649	Cora 53107
Barbotte	161120	grise	1923	Quaduc 129371	Noise 112028
Barboude	163583	grise	1923	Névrosé 113735	Urgosse 145859
Barbouillée	161028	grise	1923	Simbleau 136949	Reclusion 133140
Barbouillée	162168	grise	1923	Tablier 142345	Mangeaille 107944
Barbue	160148	gris-foncé	1923	Tralala 143618	Quabistra 129054
Barbue	161029	grise	1923	Simbleau 136949	Joutière 85618
Barbue	163166	gris-foncé	1923	Néflier 111919	Musique 106717
Barbue	164824	noir-zain	1923	Target 144040	Urtisse 149523
Barca	163585	grise	1923	Névrosé 113735	Méduse 109947
Barcarole	160584	gris-foncé	1923	Trappon 143649	Risoréine 133846
Barcarole	161185	grise	1923	Séducteur 137280	Science 137209
Barcarolle	161033	noire	1923	Turco 141540	Trirème 141414
Barcarolle	161639	grise	1923	Perturbateur 125648	Rupicole 134518
Barcarolle	163168	gris-foncé	1923	Mordicant 110698	Trausse 142823
Barcarolle	164826	baie	1923	Trissotin 144296	Quenouillette 131940
Barcelone	162217	noire	1923	Quirat 128885	Mascotte 108705
Barcelone	163586	grise	1923	Névrosé 113735	Galère 73118

NOM	N°	ROBE	Naissance	PÈRE	MÈRE
Barcelonnette	163170	noire	1923	Mordicant 110698	Fusette 68378
Barcelonnette	163587	noire	1923	Néflier 111919	Naucelle 115220
Barcette	164179	grise	1923	Séducteur 137280	Konce 90353
Barcillonnette	163592	gris-rouan	1923	Névrosé 113735	Parque 127029
Bardane	161034	noire	1923	Sanderling 136440	Russie 134790
Bardane	163172	gris-foncé	1923	Mordicant 110698	Turbie 142733
Bardane	164837	grise	1923	Strasbourg 139864	Nacre 118228
Barde	163173	gris-fer	1923	Mordicant 110698	Sègre 138821
Barde	163598	noir-zain	1923	Mordicant 110698	Symétrie 138581
Barde	164842	grise	1923	Trochu 144305	Salopette 140049
Bardée	163174	noire	1923	Mordicant 110698	Quolibette 129254
Bardelle	163176	gris-foncé	1923	Kalot 92507	Neauplette 116540
Bardelle	164835	grise	1923	Trembley 144261	Paraffine 127597
Bardesane	163626	gris-foncé	1923	Quaïman 129648	Raison 134924
Barège	163627	noir-zain	1923	Quaïman 129648	Négatoire 116873
Barette	163201	noire	1923	Remisier 133326	Patineuse 127072
Bareuse	162267	gris clair	1923	Sabarat 139316	Trie 141109
Barge	161311	grise	1923	Nyctalope 113635	Klique 95654
Barge	162774	gris-foncé	1923	Sapor 138736	Nine 117246
Barge	163178	noire	1923	Kalot 92507	Olivine 121610
Bargotte	161137	noire	1923	Séducteur 137280	Scaphoïde 137184
Barguette	161038	grise	1923	Téléphone 142061	Joufflue 86951
Barguette	163179	noire	1923	Négligent 112708	Nixéville 116627
Barguette	164833	gris-foncé	1923	Trembley 144261	Sagaie 139926
Barigoule	163180	noire	1923	Négligent 112708	Quacaoyère 131355
Barigoule	164834	noire	1923	Trembley 144261	Palabre 128637
Barillerie	161417	gris-clair	1923	Radeau 134903	Kérosolène 96080
Bariolée	161041	noire	1923	Sanderling 136440	Orangère 121977
Bariolée	163181	noire	1923	Négligent 112708	Pellène 127107
Bariolée	164832	grise	1923	Trembley 144261	Rime 135856
Bariolure	163182	noir-zain	1923	Kalot 92507	Quachemire 131361
Barletta	162219	grise	1923	Téléphone 142061	Levantine 99405
Barletta	163628	noire	1923	Quaïman 129648	Raine 134921
Barlongue	163183	gris-foncé	1923	Néflier 111919	Hermangarde 77004
Barlotière	164839	grise	1923	Tranchet 143627	Troyes 144321
Barnabite	163629	noir-zain	1923	Quaïman 129648	Puisaye 127401
Barnache	161418	gris-fer	1923	Quaïman 129648	Sagaie 136993
Barnache	163185	noire	1923	Négligent 112708	Ratatinée 135192
Barnache	164840	grise	1923	Trochu 144305	Trouville 144317
Barnave	163631	noire	1923	Radeau 134903	Kiel 96155
Barne	163186	gris-foncé	1923	Kalot 92507	Quachucha 131364
Barneville	162330	gris-clair	1923	Relevant 133297	Lozère 104759
Barneville	163632	noir-zain	1923	Radeau 134903	Opale 121745
Baroche	160240	noire	1923	Souvenons 136704	Système 136659
Baroche	163633	gris-clair	1923	Radeau 134903	Sarrette 139078

NOM	N°	ROBE	Naissance	PÈRE	MÈRE
Baronne	161045	noire	1923	Ouistreham 120076	Sportule 137799
Baronne	161129	grise	1923	Turgot 141541	Javelée 83785
Baronne	163187	gris-foncé	1923	Kalot 92507	Pemba 127113
Baronne	163638	grise	1923	Sédillot 138826	Jérès 88523
Baronne	164843	noire	1923	Sultan 139856	Mallacca 104803
Baronnerie	162852	noire	1923	Kalot 92507	Ruinure 134500
Baronnie	163190	baie	1923	Turquin 142152	Opacité 120847
Baronnie	164844	grise	1923	Tyroglyphe 143987	Troie 144310
Baroque	163191	noire	1923	Kalot 92507	Ornelle 122684
Barousta	160167	gris-foncé	1923	Trapèze 140424	Quodie 129071
Barque	160560	gris-vin.	1923	Sablon 136420	Prise 125434
Barque	160773	noire	1923	Tarif 140860	Pécheresse 125159
Barque	161048	noire	1923	Triennat 141840	Nippe 112004
Barque	162322	noire	1923	Sorcier 136545	Urraca 147275
Barque	162337	noire	1923	Relevant 133297	Rase 134978
Barque	163192	noire	1923	Négligent 112708	Charmante 57506
Barque	163640	noire	1923	Rorqual 135998	Uguée 148290
Barque	164845	grise	1923	Strasbourg 139864	Tudela 144484
Barquerolle	163195	noire	1923	Remonteur 134855	Rustique 133658
Barquerolle	164849	grise	1923	Strasbourg 139864	Tudor 144327
Barquette	164852	gris-foncé	1923	Tyroglyphe 143987	Quite 132636
Barre	160506	noire	1923	Souvenons 136704	Ourqueline 120554
Barre	161049	noire	1923	Ouistreham 120076	Névrose 114404
Barre	161420	grise	1923	Sardinier 136860	Kairouan 96109
Barre	161688	grise	1923	Trescheur 141763	Quonjurée 132742
Barre	162331	noire	1923	Relevant 133297	Sementine 138368
Barre	162402	noire	1923	Téléphone 142061	Ocmée 122238
Barre	162629	gris-foncé	1923	Reynal 132841	Groseille 72989
Barre	162835	noire	1923	Sanderling 136440	Sidoine 138279
Barre	163199	bai-foncé	1923	Névrosé 113735	Ondée 121648
Barre	163596	noire	1923	Néflier 111919	Symphise 138587
Barre	163642	gris-foncé	1923	Rorqual 135998	Monade 110015
Barre	164854	gris-foncé	1923	Pectiné 124801	Rynchée 135820
Barrême	163648	gris-rouan	1923	Sédillot 138826	Pydna 127419
Barrette	161222	noire	1923	Turco 141540	Toux 141638
Barrette	162588	grise	1923	Sang 136446	Nuaison 114461
Barricade	161419	grise	1923	Quaïman 129648	Malaria 110986
Barricade	162332	noire	1923	Raynouard 133959	Quouture 131021
Barricade	163202	noire	1923	Remisier 133326	Manchote 107577
Barricade	163650	gris-foncé	1923	Konstat 95797	Nulle 115937
Barricade	164857	grise	1923	Tyroglyphe 143987	Nicée 117220
Barrière	160591	grise	1923	Sabarat 139316	Qrevette 130061
Barrière	161053	gris-foncé	1923	Saumur 136404	Navaja 113950
Barrière	161416	grise	1923	Séquoia 137376	Taillade 143216
Barrière	163205	gris-foncé	1923	Néflier 111919	Pomone 127297

NOM	N°	ROBE	Naissance	PÈRE	MÈRE
Barrière	163651	noire	1923	Rorqual 135998	Marginale 110949
Barrière	164858	noire	1923	Strasbourg 139864	Sébille 139991
Barrique	161054	grise	1923	Lichas 98731	Quèvreville 128878
Barrique	161460	noire	1923	Radeau 134903	Liesse 104268
Barrique	164859	noir-zain	1923	Strasbourg 139864	Oiselière 123865
Bartavelle	161002	noire	1923	Ramoneur 133946	Loquacité 99068
Bartavelle	161055	noire	1923	Lichas 98731	Nivelle 113022
Bartavelle	161245	noire	1923	Perturbateur 125648	Quause 129887
Bartavelle	164860	noire	1923	Tribur 144284	Négligence 117647
Barthe	163652	gris-foncé	1923	Radeau 134903	Margot 110950
Bartole	163653	noire	1923	Radeau 134903	Kalinette 92615
Baryte	164862	noir-zain	1923	Strasbourg 139864	Berthe 93299
Basane	161058	grise	1923	Saumur 136404	Persécutée 125382
Basane	161414	gris-fer	1923	Quaïman 129648	Karoline 96486
Basane	163213	noire	1923	Supérieur 137000	Nice 116384
Basane	164867	grise	1923	Trochu 144305	Palombe 128718
Bascule	161062	gris-clair	1923	Lichas 98731	Potidée 124445
Bascule	161408	gris-tr.-f.	1923	Quaïman 129648	Native 116308
Base	161410	gris-tr.-f.	1923	Quaïman 129648	Guitare 72712
Baselie	160472	noire	1923	Sillé 139709	Galliéra 70270
Baside	164865	grise	1923	Trochu 144305	Margarita 104855
Basilicate	163663	grise	1923	Toy 142796	Gigolette 78521
Basilide	162338	bai-brun	1923	Relevant 133297	Raquette 134977
Basilide	163665	gris-foncé	1923	Toy 142796	Usurpatrice 148625
Basilie	163661	noir-zain	1923	Quaïman 129648	Quarderonne 131695
Basiline	161124	baie	1923	Simbleau 136949	Totote 141555
Basiline	161233	noire	1923	Trinôme 141528	Souchette 137665
Basilique	164866	grise	1923	Trochu 144305	Turque 144345
Basine	162339	grise	1923	Relevant 133297	Koulla 95162
Basine	163667	noire	1923	Radeau 134903	Orthodoxie 121810
Basique	164869	noire	1923	Strasbourg 139864	Manissa 104796
Basnage	162341	grise	1923	Relevant 133297	Trézène 142287
Basnage	163668	grise	1923	Sédillot 138826	Nécrologie 116860
Basoche	161559	noire	1923	Trélazé 142860	Ortolane 123999
Basoche	162342	bai-brun	1923	Relevant 133297	Loquette 99876
Basoche	163217	noire	1923	Supérieur 137000	Nue 114999
Basoche	163670	noire	1923	Toy 142796	Jubile 88079
Basoche	164872	grise	1923	Trochu 144305	Quête 132540
Basquaise	163224	noire	1923	Négligent 112708	Ceste 147978
Basquaise	164873	gris-fer	1923	Tyroglyphe 143987	Partie 127879
Basque	161411	noire	1923	Quaïman 129648	Orgie 122487
Basque	163220	gris-foncé	1923	Négligent 112708	Quasaque 131606
Basque	163671	gris-foncé	1923	Toy 142796	Nage 116748
Basquette	163223	gris-foncé	1923	Supérieur 137000	Lydie 103536
Basquette	164876	gris-foncé	1923	Recteur 135313	Intrigante 82796

NOM	N°	ROBE	Naissance	PÈRE	MÈRE
Basquine	163228	gris fer	1923	Névrosé 113735	Nicette 116612
Basse	160723	noire	1923	Tronchoy 142698	Scandinave 138073
Basse	161057	grise	1923	Saumur 136404	Kortone 92023
Bassecour	161488	grise	1923	Séquoia 137376	Cochenille 67964
Bassecour	163171	gris-foncé	1923	Mordicant 110698	Madelon 110440
Bassecour	164647	grise	1923	Tilly 144173	Mutille 110911
Bassée	160309	grise	1923	Souvenons 136704	Rissolette 134188
Bassée	162343	grise	1923	Relevant 133297	Pampelune 126936
Bassée	163674	grise	1923	Téméraire 143053	Milda 108752
Bassenoë	164221	grise	1923	Tedzo 140341	Ombrelle 123006
Bassesse	161067	bai-brun	1923	Relevant 133297	Ozonée 122206
Bassette	160281	noire	1923	Sorcier 136545	Treize 140809
Bassette	163229	gris-vin.	1923	Névrosé 113735	Kadenette 95457
Bassette	164879	grise	1923	Ratapoil 135870	Orizaba 123923
Bassevallée	162090	noire	1923	Taquin 140673	Kaphite 90357
Bassine	164880	gris-foncé	1923	Ratapoil 135870	Rébellion 136210
Bassinoire	161492	gris-clair	1923	Séquoia 137376	Quarteronne 131133
Bassinoire	163232	gris-fer	1923	Névrosé 113735	Quanette 131556
Bassora	163677	noire	1923	Socialiste 136651	Sabine 136381
Bassorine	163233	noire	1923	Néflier 111919	Pérouille 126734
Bassorine	164881	grise	1923	Obstructif 120705	Osaka 123924
Bastague	163238	noire	1923	Mordicant 110698	Lamoche 98916
Bastague	164882	gris-foncé	1923	Orléans 121007	Ration 136253
Basterne	163239	noire	1923	Négligent 112708	Poulle 127329
Basterne	164886	grise	1923	Trophonius 144319	Savane 140187
Bastia	162344	grise	1923	Relevant 133297	Messène 109373
Bastienne	160975	grise	1923	Quaduc 129371	Seine 137294
Bastienne	161298	grise	1923	Trescheur 141763	Picholine 125748
Bastille	160808	gris-foncé	1923	Pélissier 126603	Qulasse 130241
Bastille	160933	noire	1923	Remisier 133326	Pillarde 126997
Bastille	161068	gris-foncé	1923	Raynouard 133959	Tusculane 142318
Bastille	161494	gris-clair	1923	Séquoia 137376	Nonchalante 117751
Bastille	162178	grise	1923	Lichas 98731	Oribase 121270
Bastille	162345	noire	1923	Raynouard 133959	Réflexion 133187
Bastille	163679	gris-clair	1923	Téméraire 143053	Lascelle 101632
Bastille	164887	gris-foncé	1923	Trophonius 144319	Sausse 139484
Bastingue	164884	grise	1923	Servilly 139658	Ozonométrie 123355
Bastude	161069	gris-foncé	1923	Raynouard 133959	Nuptiale 115955
Bastude	163243	noire	1923	Turquin 142152	Méprise 110418
Bastude	164889	grise	1923	Tyroglyphe 143987	Quinette 132668
Bataille	160304	grise	1923	Souvenons 136704	Truffe 140372
Bataille	160565	grise	1923	Sapor 138736	Ovine 120684
Bataille	160724	gris-foncé	1923	Sapor 138736	Pimbêche 127249
Bataille	161070	noire	1923	Relevant 133297	Ostracite 122128
Bataille	161481	noire	1923	Séquoia 137376	Quarantaine 131688

NOM	N°	ROBE	Naissance	PÈRE	MÈRE
Bataille	163244	noire	1923	Négligent 112708	Quacologie 131368
Bataille	164890	gris-foncé	1923	Trophonius 144319	Officine 123949
Batarde	160060	grise	1923	Séducteur 137280	Poire 125560
Bâtarde	160587	gris-foncé	1923	Pélissier 126603	Paulienne 124738
Bâtarde	160701	grise	1923	Reynal 132841	Pulna 125376
Bâtarde	163247	noire	1923	Mordicant 110698	Ina 98406
Bâtarde	164894	grise	1923	Tyroglyphe 143987	Tyrienne 143996
Bâtardière	160834	grise	1923	Sang 136446	Saccade 136856
Bâtardise	161075	gris-foncé	1923	Titus 141139	Nozière 116722
Bâtardise	163249	noire	1923	Torfou 142773	Sanguine 137052
Batave	160932	noire	1923	Ouleux 121183	Rayère 135072
Batave	162348	noire	1923	Relevant 133297	Lauréate 103114
Batave	163680	noire	1923	Juste 85878	Peslière 126755
Batavia	160298	gris-f.-v.	1923	Tralala 143618	Rétine 134051
Batavia	162349	noire	1923	Raynouard 133959	Quenouille 130984
Batavia	163682	noir-zain	1923	Titi 141717	Teucriette 143153
Bataviole	163254	gris-foncé	1923	Torfou 142773	Krinte 95935
Bataviole	164899	grise	1923	Régis 134284	Oudenarde 123496
Batayole	160835	grise	1923	Téléphone 142061	Quorée 130951
Batayole	163253	gris-foncé	1923	Remisier 133326	Parole 127027
Batayole	164897	gris rouan	1923	Trophonius 144319	Reine 136315
Batée	163255	gris-foncé	1923	Torfou 142773	Pâquerette 127135
Batelerie	160840	gris-fer	1923	Titus 141139	Rosière 134352
Batelière	160841	noire	1923	Titus 141139	Jacée 88161
Bâtelière	160843	noire	1923	Titus 141139	Lisette 103743
Batelière	164900	grise	1923	Régis 134284	Termonde 144085
Batellerie	161426	grise	1923	Séquoia 137376	Taloche 143228
Bath	162351	gris-clair	1923	Stimulant 137850	Maussade 109409
Bath	163683	noire	1923	Juste 85878	Thébaïde 143161
Bathilde	162353	grise	1923	Relevant 133297	Kubara 95140
Bathilde	163688	noire	1923	Konstat 95797	Nauviale 116527
Bâtière	163260	gris-fer	1923	Mordicant 110698	Naïade 117853
Bâtière	164902	grise	1923	Tyroglyphe 143987	Kamérière 97421
Batifoleuse	161742	grise	1923	Taquin 140673	Lacaille 101128
Batignolles	163691	alezane	1923	Radeau 134903	Paraphrase 127594
Batisse	160696	noire	1923	Sapor 138736	Observance 121383
Bâtisse	160847	noire	1923	Quirat 128885	Plaignarde 126954
Batisse	161016	grise	1923	Trinôme 141528	Tricoise 141815
Bâtisse	161427	gris-clair	1923	Séquoia 137376	Neigeuse 117747
Bâtisse	163264	noire	1923	Kalot 92507	Karaque 95644
Batiste	160848	noir-l.-r.	1923	Téléphone 142061	Romagne 134672
Batiste	163263	noire	1923	Négligent 112708	Narce 116517
Batiste	164907	noire	1923	Trochu 144305	Naziange 117179
Bastistine	161017	noire	1923	Trinôme 141528	Tanatave 140843
Batna	162356	noire	1923	Relevant 133297	Mauviette 107708

NOM	N°	ROBE	Naissance	PÈRE	MÈRE
Batna	163692	grise	1923	Toy 142796	Silistrie 138965
Bâtonnade	160849	grise	1923	Saumur 136404	Régalienne 133222
Bâtonnade	163265	noire	1923	Tabis 142880	Tactique 142895
Batoum	162360	grise	1923	Relevant 133297	Hôteporte 97063
Batoum	163693	grise	1923	Toy 142796	Narbonne 114481
Batrachoïde	162254	grise	1923	Nyctalope 113635	Kansarde 91096
Battable	160852	grise	1923	Sanderling 136440	Maltaise 105494
Battaison	160854	noire	1923	Sanderling 136440	Procédure 126327
Battaison	163266	gris-fer	1923	Tabis 142880	Sénégambie 138883
Battante	160855	noir-zain	1923	Sanderling 136440	Toilerie 141217
Battante	163267	gris-fer	1923	Tabis 142880	Serpillière 140191
Batte	161078	bai-chât.	1923	Terreau 140590	Océane 119220
Batte	161435	gris-clair	1923	Réceptif 133075	Orfa 122511
Batte	163269	gris-foncé	1923	Trélazé 142860	Pouzole 127336
Batte	164908	gris-tr.-f.	1923	Trochu 144305	Orosellie 123952
Battée	161085	noire	1923	Triennat 141840	Orne 119317
Battée	163256	noire	1923	Remisier 133326	Optative 121717
Battée	163270	noire	1923	Tabis 142880	Rayonne 135381
Batterie	161080	noire	1923	Sébastopol 137245	Ruade 134027
Batterie	161478	gris-fer	1923	Réceptif 133075	Nonchalance 117750
Batterie	163271	gris-foncé	1923	Tabis 142880	Lerthe 104175
Batterie	164910	noire	1923	Tribur 144284	Réplique 134345
Batteuse	160609	grise	1923	Tralala 143618	Odyssée 120581
Batteuse	160786	gris-fer-f.	1923	Ramoneur 133946	Picuite 124906
Batteuse	161084	gris-vin.	1923	Rongetout 133602	Imminence 79729
Batteuse	161437	gris-fer	1923	Radeau 134903	Patère 127557
Batteuse	163272	gris-foncé	1923	Supérieur 137000	Qlavicule 131805
Batteuse	164911	grise	1923	Servilly 139658	Tapette 144370
Battiture	163274	noire	1923	Trélazé 142860	Traverserie 142832
Battologie	163275	noire	1923	Tabis 142880	Opportune 121870
Battue	164913	gris-foncé	1923	Recteur 135313	Sarabande 140131
Baucis	162361	bai-brun	1923	Relevant 133297	Oronte 121452
Baucis	163694	noir-zain	1923	Quaïman 129648	Icone 83173
Baudonnière	164124	gris-bleu	1923	Romand 135963	Quille 131040
Baudroie	160859	noire	1923	Taquin 140673	Usthélie 147213
Baudroie	162598	gris-foncé	1923	Pantin 124490	Ramasseuse 133296
Baudroie	164914	grise	1923	Recteur 135313	Opulence 123875
Baudruche	160857	gris-tr.-cl.	1923	Qroisy 130286	Nattière 114659
Baudruche	162600	gris-foncé	1923	Tronchoy 142698	Ribéra 133338
Baudruche	164915	grise	1923	Trophonius 144319	Lima 104481
Bauge	161444	noire	1923	Quaïman 129648	Radoteuse 134459
Bauge	162601	gris-foncé	1923	Torfou 142773	Systole 138632
Bauge	163279	noire	1923	Supérieur 137000	Jeandelize 87539
Bauge	164916	grise	1923	Turbigot 141009	Ramée 136238
Baugue	160862	grise	1923	Simbleau 136949	Prisée 126311

NOM	N°	ROBE	Naissance	PÈRE	MÈRE
Baugue	162604	gris-foncé	1923	Tronchoy 142698	Nichonne 114496
Bauhinie	160866	grise	1923	Saumur 136404	Jacobite 87962
Bauhinie	164917	noir-m.t.z	1923	Keris 93769	Passerelle 128740
Baume	163701	rouanne	1923	Quaïman 129648	Mainmorte 111402
Bauquière	160867	noire	1923	Ouistreham 120076	Louvette 99921
Bauquière	162605	noire	1923	Tronchoy 142698	Nasalité 111939
Bauquière	164919	noire	1923	Quompromis 132021	Narva 118267
Bauxite	160868	gris-tr.-f.	1923	Saumur 136404	Monture 106610
Bauxite	162612	noire	1923	Pilon 127251	Quadurcienne 131391
Bauxite	164920	grise	1923	Pectiné 124801	Sorbière 139772
Bavarde	161462	gris-fer-f.	1923	Radeau 134903	Serpente 139027
Bavarde	162235	noire	1923	Souvenons 136704	Juniville 83857
Bavarde	162610	noire	1923	Supérieur 137000	Kérative 92423
Bavarde	164921	noire	1923	Quompromis 132021	Frondeuse 93551
Bavaroise	160870	gris-foncé	1923	Kalot 92507	Moque 106611
Bavaroise	164438	grise	1923	Quaïman 129648	Serpentaire 139026
Bavaroise	162609	gris-foncé	1923	Pilon 127251	Oxydase 120472
Bavaroise	164923	grise	1923	Trophonius 144319	Mendoza 104914
Bave	160771	grise	1923	Traiteur 141679	Soulaine 139205
Baverette	162613	gris-foncé	1923	Pilon 127251	Navaille 116012
Bavette	160603	grise	1923	Sablon 136420	Pudique 125443
Bavette	160614	noir-zain	1923	Souvenons 136704	Fauvette 84374
Bavette	160953	grise	1923	Quaduc 129371	Rincée 134160
Bavette	161463	grise	1923	Sardinier 136860	Nécrobie 117627
Bavette	162157	noire	1923	Tablier 142345	Kachexie 92958
Bavette	162273	grise	1923	Pélissier 126603	Nouée 112107
Bavette	164926	gris-foncé	1923	Tyroglyphe 143987	Sarlande 139424
Baveuse	160354	noire	1923	Taquin 140673	Normande 112075
Bavière	160618	gris-foncé	1923	Trappon 143649	Kame 92295
Bavière	161578	gris-f.-v.	1923	Quaïman 129648	Sensoriale 139115
Bavière	162363	noire	1923	Tahure 141677	Pubienne 126481
Bavière	163702	gris-foncé	1923	Radeau 134903	Serviette 139008
Bavolette	160876	noir-m.-t.	1923	Santander 138727	Soulière 139437
Bavolette	162153	gris-foncé	1923	Téléphone 142061	Kontractile 91808
Bavolette	162615	gris-foncé	1923	Pilon 127251	Jusquiame 88374
Bavolette	164928	grise	1923	Trophonius 144319	Question 132687
Bavure	162616	gris-foncé	1923	Tillot 142740	Onglée 120433
Bayadère	160358	grise	1923	Tarif 140860	Laroustière 100852
Bayadère	161640	noire	1923	Perturbateur 125648	Obole 119704
Bayadère	164931	gris-fer	1923	Tyroglyphe 143987	Sardine 140135
Bayarde	161196	grise	1923	Séducteur 137280	Ultime 146699
Bayarde	161248	grise	1923	Simbleau 136949	Tragédienne 141664
Bayeuse	162619	noir-zain	1923	Sowiet 138115	Lactate 102552
Bayle	163707	noire	1923	Quaïman 129648	Racine 134937
Baylen	163709	grise	1923	Quaïman 129648	Tunique 143924

NOM	N°	ROBE	Naissance	PÈRE	MÈRE
Bayonne	162365	noire	1923	Succès 137926	Gonflée 72991
Bayonne	163710	grise	1923	Quaïman 129648	Ralingue 134898
Baza	162366	noire	1923	Polus 126947	Naziange 112563
Baza	163713	gris-foncé	1923	Neuilly 112606	Odette 123915
Bazaine	162369	gris-clair	1923	Sang 136446	Lamourette 100526
Bazardée	160550	noire	1923	Trappon 143649	Sapa 136343
Bazeille	162370	gris-clair	1923	Sanderling 136440	Fauvette 59914
Bazine	160997	alezane	1923	Nyctalope 113635	Kuvette 91908
Bazine	161209	grise	1923	Taquin 140673	Ibride 81767
Bazine	161263	grise	1923	Turco 141540	Obstination 118781
Bazirée	160145	gris-foncé	1923	Temps 140932	Raide 133449
Béance	162623	gris-foncé	1923	Reynal 132841	Opianique 120481
Béante	161567	gris-tr.-f.	1923	Thomas 141023	Neptunienne 116904
Béante	162624	noire	1923	Sowiet 138115	Servilie 137029
Béate	160884	noire	1923	Neigeux 112725	Jugeotte 88459
Béate	161565	gris-clair	1923	Lutécien 102720	Parcimonie 127543
Béate	162242	grise	1923	Souvenons 136704	Taxation 140510
Béate	162578	gris-clair	1923	Sang 136446	Taie 140245
Béate	162628	noir-zain	1923	Sowiet 138115	Mézière 108494
Béate	164932	gris rouan	1923	Tranchet 143627	Quorme 132246
Béatitude	161566	gris-clair	1923	Tabis 142880	Ration 135461
Béatrice	160926	noir-m.t.z	1923	Thermidor 140429	Margot 107554
Béatrice	161092	grise	1923	Nyctalope 113635	Ninon 114884
Béatrix	162371	gris-tr.-f.	1923	Téléphone 142061	Réplique 133644
Beattie	162374	grise	1923	Sang 136446	Ouvrée 122180
Beattie	163827	grise	1923	Pectiné 124801	Pâture 127998
Beauce	161330	grise	1923	Sauteur 137147	Miche 106768
Beauce	162379	grise	1923	Sang 136446	Saccharine 136857
Beauce	163828	grise	1923	Pectiné 124801	Trémelle 143668
Beaucerie	162155	grise	1923	Tablier 142345	Sucrine 137933
Beauceronne	162631	gris-foncé	1923	Turbigot 141009	Nattière 116813
Beaujolaise	160900	noire	1923	Rouleau 134450	Houille 74399
Beaume	160175	grise	1923	Trinôme 141528	Soupe 136681
Beaune	161333	grise	1923	Médisant 105527	Oladone 131782
Beaune	162380	noire	1923	Sang 136446	Opérette 57678
Beaune	163829	noir-m.-t.	1923	Pectiné 124801	Omophagie 123019
Beausserie	161728	grise	1923	Surdos 140045	Quavecée 129904
Beauté	161146	noire	1923	Séducteur 137280	Immémorée 79782
Beauté	161328	noire	1923	Turgot 141541	Nimègue 114861
Beauté	162540	noire	1923	Sang 136446	Saucisse 137414
Beauté	162633	noir-zain	1923	Pilon 127251	Palliation 127676
Beauté	163831	grise	1923	Pectiné 124801	Transalpine 143631
Beauté	164935	grise	1923	Trophonius 144319	Mère 109727
Beauty	161012	grise	1923	Simbleau 136949	Pie 125742
Beauvaise	160179	grise	1923	Temps 140932	Tortue 140676

NOM	N°	ROBE	Naissance	PÈRE	MÈRE
Beauville	163834	gris-foncé	1923	Keris 93769	Sarrecave 139425
Beauzée	163839	gris-bleu	1923	Pectiné 124801	Jahel 93506
Bébête	160455	noire	1923	Souvenons 136704	Herse 74103
Bébète	160875	grise	1923	Quadricycle 128838	Sacoche 136461
Bécane	161147	grise	1923	Séducteur 137280	Touline 141579
Bécane	161580	gris-fer-f.	1923	Tugny 142721	Salure 140060
Bécane	162156	grise	1923	Tablier 142345	Propriété 126400
Bécane	162634	baie	1923	Pilon 127251	Oliquette 131826
Bécane	164936	gris-rouan	1923	Tyroglyphe 143987	Koussinette 92788
Bécasse	160992	grise	1923	Ramoneur 133946	Spontanée 137790
Bécasse	161003	noire	1923	Souvenons 136704	Mûre 104944
Bécasse	161157	grise	1923	Séducteur 137280	Rhagade 134117
Bécasse	161523	gris-fer	1923	Lutécien 102720	Sémerville 139570
Bécasse	162637	gris-foncé	1923	Mercy 105783	Jitomir 88531
Bécasse	163108	noire	1923	Sion 139143	Nitouche 116259
Bécasse	164939	gris-foncé	1923	Obstructif 120705	Névada 118099
Bécassine	160524	noire	1923	Trémolo 142642	Pépita 125280
Bécassine	161159	grise	1923	Séducteur 137280	Truelle 141485
Bécassine	162147	noire	1923	Tablier 142345	Silphe 136935
Bécassine	162639	gris-foncé	1923	Sowiet 138115	Traye 142841
Bécassine	164940	grise	1923	Orléans 121007	Noteuse 145876
Becca	160405	noire	1923	Ornain 119960	Mascotte 109293
Beccaria	163840	gris-bleu	1923	Régis 134284	Organisée 123152
Becfigue	162641	noire	1923	Pilon 127251	Thise 142525
Béchamelle	160234	gris-tr.-f.	1923	Souvenons 136704	Picrate 125751
Béchamelle	160468	gris-foncé	1923	Sapor 138736	Ombelle 120509
Bêche	161164	noire	1923	Trinôme 141528	Mandibule 110221
Bêche	161506	gris-tr.-f.	1923	Thomas 141023	Image 98048
Bêche	162173	gris-clair	1923	Lichas 98731	Ratine 132980
Bêchellerie	163883	grise	1923	Quompromis 132021	Pelade 128083
Bêchette	161471	grise	1923	Turgot 141541	Nitouche 112054
Bêchette	162646	gris-foncé	1923	Pantin 124490	Rageuse 133867
Bêchette.	164942	noire	1923	Ravignan 136302	Usurpation 149761
Bêcheuse	162648	gris-foncé	1923	Tendant 140559	Savatte 138230
Becque	163841	grise	1923	Régis 134284	Orfraie 123151
Becquée	161390	noire	1923	Neuilly 112606	Liure 103885
Becquée	162654	gris-foncé	1923	Remonteur 134855	Dolorès 68057
Bécune	162241	grise	1923	Souvenons 136704	Umorista 145085
Bedaine	161549	noire	1923	Pitaud 128424	Sarabande 139066
Bedaine	162655	noire	1923	Sowiet 138115	Récente 135265
Bedaine	164943	noire	1923	Maquis 110284	Orlanda 124010
Bedanie	160163	gris-foncé	1923	Quaduc 129371	Kascroute 92106
Bédellerie	164174	noire	1923	Sillé 139709	Offre 122924
Bedondaine	162657	gris-foncé	1923	Reynal 132841	Ratatouille 133852
Bedonne	160144	grise	1923	Temps 140932	Onsetappe 119036

NOM	N°	ROBE	Naissance	PÈRE	MÈRE
Bedonnière	163123	noire	1923	Sowiet 138145	Laruellerie 103374
Bedouine	161153	grise	1923	Séducteur 137280	Koquette 97596
Bédouine	162658	noir-zain	1923	Sowiet 138145	Tapissière 142959
Bédouine	164944	grise	1923	Nicobar 118452	Quinole 132672
Bégonia	162452	gris-clair	1923	Téléphone 142061	Taisnière 142360
Bégueule	161206	grise	1923	Séducteur 137280	Oletta 119694
Bégueule	162659	gris-foncé	1923	Sowiet 138145	Quaillette 131424
Bégueule	164945	gris-foncé	1923	Tallier 143918	Saillie 139083
Béguine	161207	grise	1923	Turco 141540	Kokodile 90461
Béguine	161473	grise	1923	Pitaud 128421	Qualifiable 130744
Béguine	162662	gris-foncé	1923	Pilon 127251	Recépée 135268
Béguine	164947	noire	1923	Quoin 131888	Qualificatrice 134692
Beine	162382	noire	1923	Raynouard 133959	Recluse 133139
Beine	163842	noire	1923	Tressoir 143695	Lisière 101512
Beira	162383	noire	1923	Stimulant 137850	Macédoine 107193
Béja	163845	gris-foncé	1923	Tressoir 143695	Pavane 128014
Béka	160917	grise	1923	Tablier 142345	Propréture 126398
Békotte	160224	gris-foncé	1923	Quaduc 129371	Rogue 134241
Béla	162384	noire	1923	Relevant 133297	Sans-Gène 137051
Béla	163846	grise	1923	Régis 134284	Pauvrette 128013
Bélandre	161241	grise	1923	Perturbateur 125648	Jarde 84988
Bélandre	162663	gris-foncé	1923	Pilon 127251	Pétronille 127194
Bélandre	164948	gris-foncé	1923	Maquis 110284	Noblesse 118159
Bélate	162385	alezan-br.	1923	Raynouard 133959	Nine 116406
Bélate	163847	gris-bleu	1923	Sacy 139329	Sacolève 139920
Belcaire	163848	gris-clair	1923	Targon 144038	Jusquiame 85283
Bèlerie	162645	gris-foncé	1923	Nichet 117897	Tacotte 141097
Belette	160244	grise	1923	Quaduc 129371	Charmante 67331
Belette	160582	noire	1923	Sabarat 139316	Therobia 140299
Belette	161252	grise	1923	Sauteur 137147	Rigole 134153
Belette	161496	gris-foncé	1923	Quaïman 129648	Dulcinée 90097
Belette	161625	grise	1923	Quintanar 129225	Mathilde 107317
Belette	162301	bai-br.-f.	1923	Sanderling 136440	Occurence 120143
Belette	162549	grise	1923	Sang 136446	Kopule 91260
Belette	162664	gris-foncé	1923	Pilon 127251	Kauseuse 94932
Belette	163107	gris-clair	1923	Sexto 137450	Kermesse 94528
Belette	164956	gris-foncé	1923	Ravignan 136302	Questure 132594
Belgique	161574	noire	1923	Radeau 134903	Quantine 131166
Belgique	162262	grise	1923	Sabarat 139316	Névrite 111831
Belgique	162386	noire	1923	Stimulant 137850	Klinis 91618
Belgique	162579	noire	1923	Tablier 142345	Lippe 104641
Belgique	163850	grise	1923	Trébuchet 143660	Litorne 101522
Belgodère	163851	noire	1923	Keris 93769	Rigole 135844
Belgrade	162388	gris-foncé	1923	Stimulant 137850	Judée 87924
Belgrade	163852	grise	1923	Pectiné 124801	Originalité 123168

NOM	N°	ROBE	Naissance	PÈRE	MÈRE
Bélière	162667	noire	1923	Pilon 127251	Inutile 79420
Beline	162530	noir-zain	1923	Receveur 133074	Paulette 73351
Bélise	163857	grise	1923	Targon 144038	Opilation 123082
Bella	160939	grise	1923	Quaduc 129371	Quancale 129721
Bella	161258	alezane	1923	Séducteur 137280	Oxydante 119595
Bella	162313	grise	1923	Souvenons 136704	Pirogue 125940.
Bella	163853	grise	1923	Régis 134284	Orangeade 124012
Belladone	160306	noir-zain	1923	Sorcier 136545	Souricière 136875
Belladone	162672	gris-foncé	1923	Pilon 127251	Pernelle 127196
Belladone	164960	gris-foncé	1923	Tatou 144392	Nérolia 118442
Bellamie	161009	noir-zain	1923	Souvenons 136704	Lisbonne 101023
Bellandière	163481	grise	1923	Titi 141717	Intimité 79125
Bellangère	162368	noire	1923	Sanderling 136440	Quoulange 131004
Bellangerie	163597	noire	1923	Négligent 112708	Kilmaine 89781
Bellavoine	160257	grise	1923	Turco 141540	Pavette 124759
Belle	160108	grise	1923	Ramoneur 133946	Karte 90501
Belle	160580	noire	1923	Trémolo 142642	Ratonne 133093
Belle	161336	gris-foncé	1923	Médisant 105527	Saucisse 136337
Belle	162323	grise	1923	Sorcier 136545	Udine 144965
Belle	162393	grise	1923	Sanderling 136440	Ramie 135106
Belledejour	160342	grise	1923	Sorcier 136545	Ufalvy 144948
Belledejour	161562	noire	1923	Radeau 134903	Senefe 138882
Belledenuit	160343	grise	1923	Ramoneur 133946	Kousseine 90615
Belledenuit	160426	grise	1923	Pélissier 126603	Titesœur 140899
Belledenuit	161593	gris-fer	1923	Quaïman 129648	Javeline 88686
Belle-Etoile	164977	gris-fer	1923	Nicobar 118452	Iliade 96977
Bellegarde	163860	noir-rub.	1923	Sacy 139329	Impie 81258
Bellemain	160350	gris-foncé	1923	Simbleau 136949	Oeillade 119273
Bellemère	160269	gris-foncé	1923	Souvenons 136704	Girafe 71345
Bellemère	161018	alezane	1923	Quaduc 129371	Rapie 133487
Bellencuisse	162551	noire	1923	Sang 136446	Samienne 136864
Bellenoire	160268	noir-zain	1923	Souvenons 136704	Obeidel 120010
Bellette	161484	grise	1923	Séquoia 137376	Obreption 122563
Belleville	162397	noire	1923	Téléphone 142061	Nature 115618
Belleville	163861	grise	1923	Sacy 139329	Osmanie 123474
Bellevue	162395	noire	1923	Téléphone 142061	Palestrina 126926
Bellevue	162838	noire	1923	Quarteron 128953	Theneuille 142489
Bellevue	163867	gris-foncé	1923	Servilly 139658	Triennale 143730
Bellière	164988	noire	1923	Nicobar 118452	Pivoine 128740
Bellièvre	163868	noire	1923	Quinaud 132720	Mûre 110857
Belligérante	161594	noir-zain	1923	Radeau 134903	Séparation 139055
Belligueuse	161596	gris-tr.-f.	1923	Radeau 134903	Magicienne 110351
Belliqueuse	160453	grise	1923	Tréport 142647	Quista 129563
Bellis	162670	gris-vin.	1923	Sowiet 138115	Kadence 95510
Bellis	164961	noir-zain	1923	Nicobar 118452	Orizabette 124023

NOM	N°	ROBE	Naissance	PÈRE	MÈRE
Bellone	160104	grise	1923	Treignac 142130	Biche 98336
Bellone	162398	noire	1923	Téléphone 142061	Muscade 106684
Bellone	163871	noire	1923	Ratapoil 135870	Ovine 123330
Bellonnière	162546	grise	1923	Sang 136446	Quollioure 130858
Bellote	161259	noire	1923	Séducteur 137280	Klarinette 91063
Bellotte	162673	gris-fer	1923	Sillé 139709	Monarde 110022
Bellotte	164962	grise	1923	Nicobar 118452	Joyeuse 96987
Bellune	163872	grise	1923	Servilly 139658	Orne 123185
Bellurette	164355	grise	1923	Polonais 125993	Numidie 118572
Bellurine	162537	noire	1923	Quirat 128885	Rebellion 133040
Belzebuth	161297	grise	1923	Trescheur 141763	Loge 99516
Bénarde	161260	grise	1923	Séducteur 137280	Piloselle 125788
Bénarde	162674	noire	1923	Sillé 139709	Recette 135275
Benaudière	161758	gris-foncé	1923	Ramoneur 133946	Oblette 119095
Benda	162403	grise	1923	Téléphone 142061	Nouzerolle 115501
Benda	163876	grise	1923	Quinaud 132720	Kerbela 96388
Bénédicte	162278	grise	1923	Sauto 139489	Secrétion 138041
Bénédictine	160247	grise	1923	Nyctalope 113635	Lagueule 99061
Bénédictine	161262	noire	1923	Séducteur 137280	Trichine 141811
Bénédictine	162272	gris-foncé	1923	Pélissier 126603	Quastilla 130019
Bénédictine	162675	noire	1923	Turquin 142152	Noisette 113151
Bénédiction	161430	gris-clair	1923	Loris 100377	Lady 104305
Bénéficiale	161266	grise	1923	Séducteur 137280	Représaille 133649
Bénévole	161269	grise	1923	Turgot 141541	Ode 118836
Bénévole	162216	grise	1923	Tablier 142345	Psychose 126473
Bénévole	162676	gris-foncé	1923	Pilon 127251	Laisse 103599
Bénévole	164964	grise	1923	Quoin 131888	Nonantaise 118450
Bengale	162404	grise	1923	Téléphone 142061	Niaiserie 114408
Bengale	163877	grise	1923	Lutécien 102720	Phrase 128285
Benguéla	163881	noire	1923	Servilly 139658	Mare 109608
Bénigne	160322	gris-foncé	1923	Souvenons 136704	Salep 136647
Bénigne	161270	grise	1923	Sauteur 137147	Kanche 90707
Bénigne	161431	noire	1923	Loris 100377	Racinienne 134882
Bénigne	162677	noire	1923	Pilon 127251	Ribote 134311
Bénigne	164967	grise	1923	Tullier 143918	Nacre 118435
Bénisseuse	161272	grise	1923	Turco 141540	Rouelle 134431
Bénite	161445	gris-clair	1923	Quointro 132604	Ophélie 122507
Benjamine	161249	noire	1923	Simbleau 136949	Pimpolaise 125590
Benjamine	164969	noire	1923	Tullier 143918	Saturnie 140156
Benjamite	161275	noire	1923	Turgot 141541	Idie 78582
Benne	161276	noire	1923	Turgot 141541	Plumasserie 125924
Benne	162681	gris-foncé	1923	Pilon 127251	Misère 110603
Benne	164971	noire	1923	Nérac 112728	Tille 141299
Benoîte	160751	grise	1923	Sabarat 139316	Lanière 97855
Benoîte	161139	grise	1923	Turgot 141541	Uranométrie 146730

NOM	N°	ROBE	Naissance	PÈRE	MÈRE
Benoîte	161277	grise	1923	Turgot 141541	Plucheuse 125923
Benoite	161457	gris-foncé	1923	Sardinier 136860	Questionneuse 131642
Bénoite	162544	noire	1923	Sang 136446	Lariche 101554
Benoîte	162682	noir zain	1923	Pilon 127251	Surette 138070
Benoite	164972	noire	1923	Nicobar 118452	Jacta 88787
Benserade	163885	grise	1923	Kourlis 95894	Rincée 135860
Bensine	161461	grise	1923	Radeau 134903	Ulette 148687
Benzine	161280	grise	1923	Turgot 141541	Nuce 114561
Benzine	162684	gris-foncé	1923	Soubacour 139758	Pleine 127278
Benzine	164975	gris-foncé	1923	Quaïman 129648	Maïna 108898
Béotie	162406	gris-clair	1923	Succès 137926	Koublai 95121
Béotie	163886	gris clair	1923	Quompromis 132021	Marenne 109610
Béotienne	161281	noire	1923	Turgot 141541	Transe 141699
Béotienne	161514	noire	1923	Quaïman 129648	Narine 117549
Béquée	160802	gris-foncé	1923	Sapor 138736	Rosière 133928
Béquille	160207	gris-foncé	1923	Tictac 140979	Soupière 136694
Béquille	160262	noire	1923	Nyctalope 113635	Quilimane 129208
Béquille	162686	noire	1923	Remonteur 134855	Koulevrine 95874
Bérangère	161246	grise	1923	Temps 140932	Orangère 119751
Bérarde	164325	gris-foncé	1923	Souliguac 139825	Quenouillée 132526
Berbéra	162407	grise	1923	Succès 137926	Talbarde 142364
Berbera	163888	gris-foncé	1923	Keris 93769	Ségreville 139544
Berbère	160570	grise	1923	Trappon 143649	Plaquette 125304
Berbère	162688	gris foncé	1923	Pilon 127251	Nuelle 116732
Berce	162689	noire	1923	Sowiet 138115	Oeillette 121507
Bercelonnette	162236	grise	1923	Quadricycle 128838	Larve 100665
Berceuse	160097	noire	1923	Treignac 142130	Muse 108540
Berceuse	160887	noir-zain	1923	Treignac 142130	Korvette 93168
Berceuse	160895	grise	1923	Triennat 141840	Globule 70742
Berceuse	161515	noir-zain	1923	Radeau 134903	Nathalie 116312
Berceuse	162539	noire	1923	Sang 136446	Roquette 134852
Berceuse	162690	gris-foncé	1923	Pilon 127251	Obtuse 121400
Berceuse	164978	gris-foncé	1923	Nicobar 118452	Hollandaise 77333
Bercillière	161237	grise	1923	Trescheur 141763	Jaunisse 83849
Berdasse	160141	gris-foncé	1923	Temps 140932	Noyade 113406
Berdouille	160359	gris-foncé	1923	Ramoneur 133946	Salive 136481
Bérengère	162409	noire	1923	Raynouard 133959	Limace 101411
Bérengère	163889	gris-foncé	1923	Keris 93769	Tringlette 143762
Bérénice	160689	noir-zain	1923	Reynal 132841	Nomination 115832
Bérénice	160925	noir-m.-t.	1923	Thermidor 140429	Mirza 107553
Bérénice	161094	noire	1923	Nyctalope 113635	Jacobée 85713
Bérénice	162411	noire	1923	Succès 137926	Kastoor 95135
Bérénice	163890	gris-foncé	1923	Keris 93769	Orphie 123203
Bérézina	161102	noire	1923	Nyctalope 113635	Nivernaise 113498
Bérézina	161142	grise	1923	Séducteur 137280	Cigarette 75236

NOM	N°	ROBE	Naissance	PÈRE	MÈRE
Bérézina	162412	grise	1923	Succès 137926	Philosophie 126981
Bérézina	163893	noir-m.-t.	1923	Keris 93769	Triobole 143765
Bergame	162415	noire	1923	Relevant 133297	Oraison 119915
Bergame	163894	noir-m.-t.	1923	Pectiné 124801	Kramérie 96322
Bergamote	160896	grise	1923	Triennat 141840	Quonsole 130410
Bergamote	161103	noire	1923	Trinôme 141528	Tosca 140677
Bergamote	162691	gris-foncé	1923	Sombacour 139758	Quamorra 131525
Bergamote	164979	gris-fer	1923	Nicobar 118452	Saulaie 140170
Bergamotte	162292	noire	1923	Sorcier 136545	Unduite 147163
Berge	160898	grise	1923	Qroisy 130286	Nitouche 112012
Berge	161407	gris-fer f.	1923	Quaïman 129648	Torsade 143209
Berge	162692	gris-vin.	1923	Sombacour 139758	Quaroline 131451
Berge	164980	gris-foncé	1923	Nicobar 118452	Silésienne 140179
Bergen	163900	gris-vin.	1923	Turbigot 141009	Naturelle 117590
Bergère	160416	noire	1923	Saleux 139360	Sertisseuse 136619
Bergère	160902	bai-brun	1923	Relevant 133297	Société 138401
Bergère	160980	grise	1923	Souvenons 136704	Rosa-Bonheur 133462
Bergère	161072	noire	1923	Lichas 98731	Nonnette 114818
Bergère	162327	grise	1923	Saumur 136404	Lisette 61337
Bergère	163779	gris-clair	1923	Turbigot 141009	Quomprimée 132016
Bergère	163902	gris-bleu	1923	Kourlis 95894	Location 101569
Bergerette	162695	gris-foncé	1923	Pilon 127251	Quapitale 131179
Bergerie	160903	grise	1923	Relevant 133297	Nouainville 115482
Bergerie	161386	gris-tr.-f.	1923	Tabis 142880	Maîtresse 110944
Bergerie	162427	noir-zain	1923	Téléphone 142061	Proie 126355
Bergerie	162697	gris-fer	1923	Sombacour 139758	Nyssia 116483
Bergeronette	162512	noir-zain	1923	Quaillou 129642	Quaronade 131264
Bergeronnette	160901	grise	1923	Salbry 138859	Quornière 130553
Bergeronnette	161584	gris-fer	1923	Tabis 142880	Tablature 142878
Bergue	162416	grise	1923	Téléphone 142061	Koqueluche 91262
Berlaude	165036	noire	1923	Taquin 140673	Ribaude 134127
Berle	162699	gris-vin.	1923	Sombacour 139758	Kermesse 96299
Berline	160440	gris-foncé	1923	Pélissier 126603	Quina 129120
Berline	160692	noire	1923	Reynal 132841	Quadrate 130080
Berline	160912	grise	1923	Succès 137926	Orcanette 121987
Berline	162171	noire	1923	Soupirail 137701	Ismène 81147
Berline	162417	grise	1923	Relevant 133297	Nominative 115831
Berline	162698	gris-foncé	1923	Sombacour 139758	Méandrine 109920
Berlingueuse	160222	gris-foncé	1923	Ramoneur 133946	Uphose 145450
Berloque	160913	gris-fer	1923	Nichet 117897	Quagé 131403
Berloque	161585	gris-foncé	1923	Trélazé 142860	Passagère 127474
Berloque	162702	noire	1923	Pilon 127251	Occasion 121404
Berlue	161268	grise	1923	Turco 141540	Politesse 125621
Berlue	161586	g.-cl.c-d-m	1923	Tabis 142880	Quapote 131191
Berlue	162703	noir-zain	1923	Pilon 127251	Université 147669

NOM	N°	ROBE	Naissance	PÈRE	MÈRE
Bermude	162418	noire	1923	Relevant 133297	Kabanage 92433
Bernache	161104	grise	1923	Sauteur 137147	Idylle 78590
Bernadette	161150	noire	1923	Séducteur 137280	Scala 137181
Bernadette	162425	noire	1923	Téléphone 142061	Gouvernante 73083
Bernadine	162426	noir-zain	1923	Téléphone 142061	Natation 115602
Bernadotte	162419	noire	1923	Téléphone 142061	Sabretache 137059
Bernadotte	163911	grise	1923	Servilly 139658	Numance 118249
Bernaville	162420	noire	1923	Raynouard 133959	Série 136916
Bernaville	163914	gris-clair	1923	Lutécien 102720	Lafosse 102778
Berne	160915	baie	1923	Névrosé 113735	Routine 134472
Berne	162423	gris-clair	1923	Relevant 133297	Kerim 95128
Berne	162708	noire	1923	Pilon 127251	Karderie 94849
Berne	163915	noire	1923	Thomas 141023	Trique 143793
Bernicle	160265	noire	1923	Sorcier 136345	Pamée 124250
Bernicle	162710	noir-zain	1923	Supérieur 137000	Nouaille 116682
Bernina	162431	grise	1923	Saumur 136404	Mireille 107489
Bernina	163920	noire	1923	Thomas 141023	Menthe 108241
Bernuche	160302	gris-foncé	1923	Sorcier 136345	Tomate 140934
Berose	162429	grise	1923	Tahure 141677	Keugénie 92298
Berose	163921	grise	1923	Kourlis 95894	Ogivale 121927
Berquinade	160921	noire	1923	Quirat 128885	Longueville 98802
Berquinade	162713	noire	1923	Supérieur 137000	Quascade 131611
Berre	162432	gris-tr.-f.	1923	Saumur 136404	Névrite 113083
Berre	163923	noire	1923	Ratapoil 135870	Trochée 143817
Berrichonnerie	163536	noire	1923	Socialiste 136651	Ultime 147337
Bersillée	160415	grise	1923	Temps 140932	Onza 120321
Bertha	160291	noire	1923	Souvenons 136704	Robe 133585
Bertha	160718	gris-foncé	1923	Tronchoy 142698	Périnée 125407
Bertha	162143	noire	1923	Tablier 142345	Tempête 142026
Bertha	162174	noire	1923	Quirat 128885	Thébaïde 141959
Bertha	162514	noire	1923	Perturbateur 125648	Médaille 108185
Bertha	163644	noir-m.-t.	1923	Thermidor 140429	Sophie 138841
Berthe	162433	gris-clair	1923	Saumur 136404	Lamelle 101712
Berthe	162714	noire	1923	Supérieur 137000	Salverte 138704
Berthe	163926	grise	1923	Kourlis 95894	Mignonnette 104818
Berthe	164985	noire	1923	Quoin 131888	Orilla 124033
Bertine	162437	noire	1923	Lichas 98731	Bordelaise 66583
Bertine	163612	bai-br.-tr f	1923	Lafayette 100646	Sara 138840
Bertine	163928	noire	1923	Servilly 139658	Ostéologie 123250
Bertrade	162440	noire	1923	Lichas 98731	Quenoche 128979
Bertrade	163927	noire	1923	Ratapoil 135870	Kagosima 96356
Bertrande	162445	gris-tr.-cl.	1923	Tinto 142060	Korrida 91288
Bertrande	163933	noire	1923	Kourlis 95894	Polka 127371
Bérulle	162447	noire	1923	Quirat 128885	Quinette 129220
Bérulle	163934	noire	1923	Quompromis 132021	Osée 123222

NOM	N°	ROBE	Naissance	PÈRE	MÈRE
Besace	160462	grise	1923	Sablon 136420	Obsédante 121381
Besace	161581	grise	1923	Tabis 142880	Tablée 142883
Besace	162718	noire	1923	Tronchoy 142698	Transylvanie 14212[illegible]
Bésicle	160318	noire	1923	Sorcier 136545	Ortie 119189
Bésicle	160571	gris-fer	1923	Sablon 136420	Notice 112421
Bésicle	160801	grise	1923	Sapor 138736	Martelle 109833
Besicle	162719	noire	1923	Tronchoy 142698	Rincette 133173
Beslone	162424	gris-foncé	1923	Téléphone 142061	Ramette 135099
Besme	163935	noire	1923	Trophonius 144319	Orthodoxie 123208
Besnerie	162847	noire	1923	Quarteron 128953	Rainée 132875
Besogne	160924	gris-clair	1923	Sanderling 136440	Sablerie 136419
Besogne	161560	grise	1923	Tabis 142880	Sergine 138910
Besogne	162720	noire	1923	Tronchoy 142698	Quandide 131550
Bessarabie	162448	noire	1923	Quirat 128885	Merlette 106412
Bessarabie	163937	gris-foncé	1923	Turbigot 141009	Tortueuse 143504
Besse	162449	noire	1923	Quirat 128885	Salaison 136783
Besse	163938	grise	1923	Quompromis 132021	Tricoise 143725
Bessège	162451	noir-zain	1923	Ouistreham 120076	Promenade 126368
Bessège	163941	gris-foncé	1923	Turbigot 141009	Manie 110242
Bessie	160501	grise	1923	Ramoneur 133946	Tourbe 140965
Bessière	162452	noire	1923	Lichas 98731	Salangane 136788
Bessière	163943	grise	1923	Turbigot 141009	Laurée 101790
Bessine	162454	gris-clair	1923	Quadricycle 128838	Profuse 126347
Bessine	163944	grise	1923	Turbulent 143938	Pérégrine 128175
Bessonne	160927	gris-foncé	1923	Raynouard 133959	Sépia 137054
Bessonne	162721	noire	1923	Tronchoy 142698	Mérendère 110432
Bessonne	164987	noire	1923	Tullier 143918	Suronette 140174
Bestiale	162724	gris-foncé	1923	Tronchoy 142698	Moquette 110682
Bestiole	162727	noire	1923	Tronchoy 142698	Monnaie 108285
Béthanie	162455	gris-foncé	1923	Saumur 136404	Stramonine 137866
Béthanie	163945	gris-foncé	1923	Turbulent 143938	Tirelire 143254
Béthel	162456	gris-tr.-f.	1923	Saumur 136404	Orthodoxie 122088
Bethsabée	162457	gris-foncé	1923	Saumur 136404	Quambaye 130680
Bethsabée	163946	grise	1923	Quompromis 132021	Tribu 143710
Béthulie	162464	noire	1923	Ouistreham 120076	Lilie 68547
Béthulie	163948	grise	1923	Quompromis 132021	Résection 133695
Béthune	162474	noire	1923	Trescheur 141763	Kamerlingue 90683
Béthune	163950	baie	1923	Turbigot 141009	Senone 139598
Bethunie	160515	gris-foncé	1923	Ramoneur 133946	Salicylique 136662
Bétina	163294	gris-foncé	1923	Sowiet 138115	Treillière 142854
Bétique	163953	grise	1923	Targon 144038	Laminerie 103634
Bêtise	160348	grise	1923	Quaduc 129371	Brillante 65545
Bétoine	162729	gris-foncé	1923	Trappon 143649	Souplesse 66985
Bétouille	161170	grise	1923	Taquin 140673	Scène 137194
Bette	161323	bai-br.-z.	1923	Rongetout 133602	Jaca 84772

NOM	N°	ROBE	Naissance	PÈRE	MÈRE
Bette	162732	noire	1923	Pantin 124490	Muraille 107479
Betterave	160757	gris-fer	1923	Sablon 136420	Soline 136975
Betterave	162733	noire	1923	Tronchoy 142698	Orbitèle 121991
Bettina	160356	noire	1923	Simbleau 136949	Pépette 125180
Bettina	162545	noire	1923	Perturbateur 125648	Perspective 125641
Bettina	163954	noire	1923	Tabis 142880	Senonville 139599
Betty	160352	noire	1923	Ténia 140572	Saigne 136719
Beurrée	162228	grise	1923	Quadue 129371	Licence 99739
Beurrerie	161587	gris-fer-f.	1923	Quaïman 129648	Relapse 135411
Beuverie	162734	noire	1923	Remisier 133326	Rafale 133859
Beuvrière	161755	noire	1923	Trinôme 141528	Race 133488
Beuzeville	163959	noire	1923	Thomas 141023	Nauséeuse 117603
Bévue	162247	grise	1923	Quadue 129371	Lancette 100231
Bévue	162735	gris-foncé	1923	Remisier 133326	Quelrosse 130069
Beyle	163962	gris-clair	1923	Lutécien 102720	Mentana 109718
Biafra	163963	gris-foncé	1923	Lutécien 102720	Nocive 118096
Biaise	162737	gris-foncé	1923	Tronchoy 142698	Toureille 142600
Biala	163966	noire	1923	Thomas 141023	Hochette 77099
Bibaudière	163289	gris-foncé	1923	Turbulent 143938	Quouarde 132330
Bibeloterie	161564	gris c.d.m	1923	Toy 142796	Quenelle 131705
Bibendum	164169	grise	1923	Taquin 140673	Oléine 120292
Bibi	160458	noire	1923	Souvenons 136704	Manille 105328
Bibi	160920	gris-foncé	1923	Tablier 142345	Mistress 106844
Bible	161588	gris-c.d.m	1923	Tabis 142880	Souterraine 139219
Bible	162246	grise	1923	Quadue 129371	Imagination 79757
Bible	162478	gris-foncé	1923	Ténia 140572	Renonce 133401
Bible	162738	gris-foncé	1923	Tronchoy 142698	Ocelle 121428
Bibracte	162479	noir-zain	1923	Ténia 140572	Sommelière 137622
Bibracte	163967	gris-clair	1923	Lutécien 102720	Palmyre 128031
Bicarrée	162739	noire	1923	Tronchoy 142698	Tourette 142601
Bicarrée	164994	noire	1923	Quoin 131888	Rébecca 136290
Bicêtre	163969	grise	1923	Thomas 141023	Batavia 64985
Biche	160092	noire	1923	Recueil 133111	Marinette 108536
Biche	160428	gris-foncé	1923	Pélissier 126603	Notre 112308
Biche	160466	noire	1923	Pélissier 126603	Trémée 140940
Biche	160556	noire	1923	Sabarat 139316	Pérouse 127740
Biche	161568	noire	1923	Quaïman 129648	Janzéenne 88849
Biche	162441	gris-clair	1923	Liebas 98731	Christine 63067
Biche	162481	grise	1923	Simbleau 136949	Lady 100578
Biche	162541	noire	1923	Sang 136446	Nitrière 114747
Biche	162740	gris-foncé	1923	Tronchoy 142698	Plaie 125980
Biche	163116	noire	1923	Stimulant 137850	Majoration 105439
Biche	163401	noire	1923	Marocain 107904	Quartelette 131278
Biche	163477	alezane	1923	Juste 85878	Unimeuse 147441
Biche	163609	gris-clair	1923	Sion 139143	Lande 103122

NOM	N°	ROBE	Naissance	PÈRE	MÈRE
Biche	163971	grise	1923	Radeau 134903	Sère 139617
Bichette	160089	noire	1923	Recueil 133111	Libérie 103019
Bichette	160134	noire	1923	Tarif 140860	Mortora 105628
Bichette	160287	grise	1923	Souvenons 136704	Noémie 113397
Bichette	160514	gris-foncé	1923	Tralala 143618	Popotte 125270
Bichette	160687	grise	1923	Polonais 125998	Origine 123828
Bichette	160776	noire	1923	Temps 140932	Quasse 130219
Bichette	160811	noire	1923	Souvenons 136704	Pétéchie 125134
Bichette	160834	noire	1923	Stimulant 137850	Oriflamme 122642
Bichette	161077	noire	1923	Sion 139143	Nida 116193
Bichette	161100	noire	1923	Turgot 141541	Quadrille 129428
Bichette	161132	grise	1923	Turgot 141541	Kamisole 90686
Bichette	161156	grise	1923	Séducteur 137280	Nauplie 114612
Bichette	161326	grise	1923	Quaduc 129371	Ronce 134264
Bichette	161589	gris-fer	1923	Trélazé 142860	Tonnante 143249
Bichette	162175	noire	1923	Quirat 128885	Sensive 137962
Bichette	162271	grise	1923	Quadricycle 128838	Temporale 140545
Bichette	162741	noir-m.t.z	1923	Tronchoy 142698	Tournemire 142607
Bichette	162761	noir-zain	1923	Sowiet 138115	Kancale 95582
Bichette	163490	noire	1923	Ouleux 121183	Korogne 94116
Bichette	164995	noire	1923	Témoin 144422	Matellotte 111123
Bicholfat	162186	noire	1923	Lichas 98731	Tamatave 142200
Bichonne	160090	grise	1923	Recueil 133111	Martine 98324
Bichonne	160315	noire	1923	Souvenons 136704	Léserie 102815
Bichonne	160435	grise	1923	Pélissier 126603	Pégoudine 125211
Bichonne	160600	noire	1923	Titus 141139	Fossette 98100
Bichonne	162522	noire	1923	Receveur 133074	Rotonde 134398
Bichonnette	160433	gris-foncé	1923	Pélissier 126603	Roupie 133294
Bichonnette	162187	grise	1923	Lichas 98731	Hélépole 78132
Bicipitale	161299	grise	1923	Turgot 141541	Kampêche 90914
Bicoque	160634	noire	1923	Sabarat 139316	Urvie 146201
Bicoque	161306	grise	1923	Trescheur 141763	Relocation 133317
Bicoque	161569	gris-clair	1923	Quaïman 129648	Régulation 135402
Bicoque	162213	noire	1923	Tablier 142345	Orélie 121253
Bicoque	162484	grise	1923	Triennat 141840	Ormille 120333
Bicoque	162745	bai-marr.	1923	Torfou 142773	Octacorde 121433
Bicoque	163975	gris-foncé	1923	Tugny 142721	Percluse 128166
Bicyclette	160178	grise	1923	Trinôme 141528	Qloyère 130147
Bicyclette	160704	grise	1923	Reynal 132841	Lala 97986
Bidache	163976	grise	1923	Lutécien 102720	Octavie 122546
Bidassoa	162485	gris-clair	1923	Ténia 140572	Ourse 119841
Bidassoa	163979	noire	1923	Thomas 141023	Paonne 127771
Bidentée	162755	noire	1923	Pilon 127251	Suspendue 138340
Biderie	163733	gris-bleu	1923	Saleux 139360	Pariétale 127839
Bidette	161251	grise	1923	Simbleau 136949	Traine 141667

NOM	N°	ROBE	Naissance	PÈRE	MÈRE
Bidette	162749	gris-foncé	1923	Sombacour 139758	Qlaquette 131796
Bidonée	160950	noire	1923	Trinôme 141528	Tonnelle 140473
Biella	162486	gris-foncé	1923	Ténia 140572	Quonstance 130415
Biella	163982	grise	1923	Turbigot 141009	Quocarde 131859
Bielle	161308	noire	1923	Simbleau 136949	Kacahuète 90431
Bielle	161570	gris-clair	1923	Trélazé 142860	Turqueville 142867
Bielle	162754	gris-foncé	1923	Pilon 127251	Nette 116376
Bielle	164997	noire	1923	Nicobar 118452	Océanide 124050
Bienfaisance	161572	gris-tr.-f.	1923	Quaïman 129648	Illustration 79316
Bienfaitrice	162229	grise	1923	Tendant 140559	Kascade 92371
Biennal	162757	gris-cend.	1923	Sombacour 139758	Tourneuve 142609
Bienne	162489	gris-clair	1923	Simbleau 136949	Jurée 85140
Bienne	163984	grise	1923	Turbulent 143938	Larive 102866
Bienséance	161309	noire	1923	Triennat 141840	Quantienne 129534
Bienséance	161395	gris-clair	1923	Séquoia 137376	Orclia 122473
Bienséance	162759	gris-foncé	1923	Remonteur 134855	Nassandre 116558
Bienveillance	161475	bai-brun	1923	Quaïman 129648	Giraude 72688
Bienvenu	162760	gris-fer	1923	Tillot 142740	Piéride 127244
Bienvenue	161313	noire	1923	Nyctalope 113635	Kosarée 92823
Bienvenue	161403	noire	1923	Trognon 141660	Nomisale 117714
Bienvenue	162765	noire	1923	Konstat 95797	Usance 147741
Bienvenue	164998	alezane	1923	Quoin 131888	Mulotte 111141
Bière	160135	noire	1923	Temps 140932	Malle 105549
Bière	161404	grise	1923	Séquoia 137376	Radicale 134874
Bièvre	161314	noire	1923	Nyctalope 113635	Toutebelle 140767
Bièvre	162769	noire	1923	Tronchoy 142698	Numération 115942
Bièvre	163985	noire	1923	Tribut 141806	Lairesse 102793
Biffe	160519	grise	1923	Sorcier 136545	Talitre 140974
Biffette	160216	gris-foncé	1923	Quaduc 129371	Piffe 125151
Bigame	160471	gris-foncé	1923	Sillé 139709	Panasserie 127718
Bigamie	161320	grise	1923	Nyctalope 113635	Rosette 50349
Bigamie	161398	gris-fer	1923	Radeau 134903	Valseuse 57404
Bigamie	162770	gris-foncé	1923	Tronchoy 142698	Tourrette 142619
Bigarade	161343	gris-foncé	1923	Saumur 136404	Jubine 85260
Bigarade	161632	grise	1923	Triolet 141391	Oléandre 118910
Bigarade	162771	gris-foncé	1923	Mordicant 110698	Orfraye 119429
Bigarette	161577	gris-fer	1923	Tabis 142880	Prisonnière 127370
Bigarrée	160432	grise	1923	Sabarat 139316	Kadmée 96417
Bigarrure	161576	noire	1923	Tabis 142880	Lactéoline 102551
Bigarrure	162772	noire	1923	Tronchoy 142698	Quabriole 131346
Bigle	161345	gris-foncé	1923	Sombacour 139758	Marraine 109812
Bigne	162778	gris-fer	1923	Tronchoy 142698	Kascarille 94886
Bigne	165001	grise	1923	Teck 144406	Quinte 132612
Bignone	162780	gris-foncé	1923	Pantin 124490	Raye 133866
Bignone	163134	gris-foncé	1923	Sowiet 138145	Sarepha 138742

NOM	N°	ROBE	Naissance	PÈRE	MÈRE
Bigorne	162781	noire	1923	Tillot 142740	Karoncule 94869
Bigote	161347	noire	1923	Pilon 127251	Pelta 124894
Bigote	162783	gris-foncé	1923	Tillot 142740	Jacobine 86046
Bigote	165002	noire	1923	Teck 144406	Toscane 143344
Bigotière	162163	noire	1923	Ouistreham 120076	Papule 124452
Bigottière	160552	grise	1923	Trappon 143649	Ollières 120662
Bigottière	163696	gris-foncé	1923	Sombacour 139758	Tarasque 142964
Bigue	162784	noir-m.-t.	1923	Sapor 138736	Noise 113147
Bijore	161115	noire	1923	Simbleau 136949	Mascotte 105826
Bijou	160341	noire	1923	Souvenons 136704	Mornifle 105704
Bijou	160365	noire	1923	Quintanar 129225	Kramérie 97638
Bijou	160394	grise	1923	Thermidor 140429	Uruguay 146282
Bijou	160403	grise	1923	Lafayette 100646	Irène 79605
Bijou	160581	grise	1923	Sablon 136420	Kalijatte 92244
Bijou	160653	noire	1923	Ouistreham 120076	Naturalité 113983
Bijou	160788	gris-fer	1923	Sabarat 139316	Fracture 60353
Bijou	161107	grise	1923	Trinôme 141528	Réticence 134047
Bijou	161535	gris-fer-f.	1923	Quaïman 129648	Majorité 111077
Bijou	162471	noir-zain	1923	Téléphone 142061	Licheuse 99744
Bijou	163561	grise	1923	Juste 85878	Labelle 103197
Bijouterie	161503	gris-vin.	1923	Trélazé 142860	Jongleuse 88677
Bikopeke	160149	noire	1923	Tralala 143618	Nécdamour 113381
Bilabiée	160942	noire	1923	Trinôme 141528	Ombellule 118939
Bilabiée	162786	gris-foncé	1923	Néflier 111919	Phase 127201
Bile	160947	grise	1923	Quaduc 129371	Hampe 73933
Bile	161504	noire	1923	Trélazé 142860	Quillette 131655
Bile	162787	gris-foncé	1923	Trévilly 142649	Truffe 143877
Bile	162795	noire	1923	Pilon 127251	Nage 116495
Bilée	161141	noire	1923	Séducteur 137280	Oïlée 119684
Bilevalière	163214	gris-foncé	1923	Kalot 92507	Juilles 85299
Bilieuse	160948	grise	1923	Nyctalope 113635	Nivôse 113501
Bilingue	162796	gris-foncé	1923	Néflier 111919	Quaducée 131389
Bille	160419	grise	1923	Souvenons 136704	Souris 137729
Bille	160949	noire	1923	Trumeau 141489	Lanche 100622
Bille	160970	grise	1923	Quaduc 129371	Ocana 119870
Bille	161183	gris-foncé	1923	Séducteur 137280	Tourmente 141608
Bille	162243	grise	1923	Souvenons 136704	Kalotte 97628
Bille	165003	grise	1923	Nicobar 118452	Urbaine 149816
Billette	160961	grise	1923	Quaduc 129371	Mucosité 105602
Billette	161176	grise	1923	Séducteur 137280	Tourelle 141599
Billette	161317	noire	1923	Nyctalope 113635	Magdaléna 105974
Billette	162798	gris-foncé	1923	Sapor 138736	Négative 111918
Billevesée	160254	noire	1923	Tictac 140979	Trilogie 141149
Billevesée	161505	noire	1923	Trélazé 142860	Serpe 139036
Billotte	161190	gris-vin.	1923	Séducteur 137280	Uranographie 146733

NOM	N°	ROBE	Naissance	PÈRE	MÈRE
Bilobée	160996	noire	1923	Truneau 141489	Picpoule 125738
Bilobée	162799	gris-foncé	1923	Pilon 127251	Notion 115879
Bilonière	161616	gris-tr.-f.	1923	Régis 134284	Oudine 123502
Bilotte	161121	grise	1923	Quaduc 129371	Rodez 134658
Binardière	164219	gris-bleu	1923	Sérum 136999	Nationale 117163
Binche	162491	grise	1923	Ténia 140572	Taupinière 140491
Bindrée	160741	noire	1923	Sillé 139709	Oisellerie 121557
Binette	160434	gris-tr.-f.	1923	Pélissier 126603	Sophie 136706
Binette	160488	noire	1923	Sapor 138736	Haltesse 76866
Binette	160502	noire	1923	Souvenons 136704	Quandie 130004
Binette	161626	grise	1923	Triolet 141391	Quastine 129864
Binette	161635	baie	1923	Perturbateur 125648	Patrie 124723
Binette	162802	noire	1923	Pilon 127251	Saucière 137112
Binette	165007	gris-foncé	1923	Nicobar 118452	Lavallée 101260
Binière	162158	grise	1923	Tablier 142345	Prospérité 126413
Binnetières	162511	noire	1923	Téléphone 142061	Noceuse 114762
Biogène	162803	gris-tr.-f.	1923	Pilon 127251	Osaka 121734
Biologie	161629	bai-zain	1923	Séducteur 137280	Nounou 114126
Biologie	162805	noire	1923	Remonteur 134855	Harlotte 90052
Biovulée	162808	gris-foncé	1923	Sombacour 139758	Ianina 98398
Bipartite	162810	noir-zain	1923	Pilon 127251	Nouillette 115896
Bique	160422	noire	1923	Tralala 143618	Chipette 63386
Bique	162811	noir-zain	1923	Pilon 127251	Malignité 109808
Biquette	161461	noire	1923	Séducteur 137280	Thelast 141592
Biquette	161656	gris-foncé	1923	Séducteur 137280	Kocasse 92608
Biquette	162816	noire	1923	Tillot 142740	Perdrix 124996
Biquette	165008	gris-fer	1923	Quoin 131888	Infernale 82770
Birague	162492	grise	1923	Triennat 141840	Tarse 142233
Birbette	161319	grise	1923	Sauteur 137147	Métisse 106741
Birème	161658	noire	1923	Séducteur 137280	Kollaire 90344
Birème	162819	gris-foncé	1923	Sombacour 139758	Thèse 142493
Biribi	160827	gris-foncé	1923	Tronchoy 142698	Niriby 112467
Biribi	162801	noire	1923	Neuilly 112606	Lactoline 102548
Birmanie	162495	noire	1923	Nyctalope 113635	Truste 141496
Birmanie	163994	grise	1923	Ratapoil 135870	Triture 143808
Bironne	161140	grise	1923	Turgot 141541	Sidérose 137477
Bisaille	161660	grise	1923	Séducteur 137280	Semaine 137308
Bisaille	162238	noire	1923	Souvenons 136704	Utte 145183
Bisbille	160617	noir-zain	1923	Trappon 143649	Tricolore 140995
Bisbille	161539	gris-tr.-f.	1923	Radeau 134903	Raie 134918
Bisbille	161661	gris-tr.-f.	1923	Rouleau 134450	Margot 61338
Biscaïenne	161662	noir-zain	1923	Rouleau 134450	Médiévale 108220
Biscarosse	160984	noire	1923	Nyctalope 113635	Juxue 85071
Biscarosse	162496	grise	1923	Tendant 140559	Ostéite 121050
Biscaye	161195	noire	1923	Séducteur 137280	Laodicée 100890

NOM	N°	ROBE	Naissance	PÈRE	MÈRE
Biscaye	162499	grise	1923	Succès 137926	Suborneuse 137915
Biscaye	163995	gris-clair	1923	Quompromis 132021	Manique 108297
Biscornue	160482	gris-foncé	1923	Sapor 138736	Nommée 112331
Biscotine	160261	gris-tr.-f.	1923	Pélissier 126603	Turquie 140470
Biscotine	162289	grise	1923	Sablon 136420	Tite 142243
Biscotte	160401	grise	1923	Sang 136446	Radiale 134853
Biscotte	160543	noire	1923	Treignac 142130	Mouvette 108541
Biscotte	160590	grise	1923	Pantin 124490	Ramsgate 133857
Biscotte	160756	noire	1923	Sablon 136420	Qune 129549
Biscotte	160974	gris-clair	1923	Simbleau 136949	Lanoue 100885
Biscotte	161590	alezan-br.	1923	Tabis 142880	Sorcière 138600
Biscotte	163276	noire	1923	Tabis 142880	Orientale 123453
Biscotte	164376	grise	1923	Trocadéro 144304	Souriante 138047
Biscotte	165015	noire	1923	Servilly 139658	Liste 103866
Bise	161591	gris-clair	1923	Tabis 142880	Ourdisseuse 121873
Bise	163278	noire	1923	Tabis 142880	Norolle 116675
Bisette	161667	gris-foncé	1923	Séducteur 137280	Tréflière 141740
Bisette	163281	noire	1923	Sowiet 138115	Rostov 134935
Bisette	165017	gris-foncé	1923	Thomas 141023	Niagara 118098
Biskra	164334	gris-foncé	1923	Neigeux 112725	Liane 104031
Bismuthine	160993	noire	1923	Trinôme 141528	Kalize 92095
Bismuthine	161644	gris-foncé	1923	Triennat 141840	Ottine 119812
Bisnaque	161294	noire	1923	Rongetout 133602	Oualéga 119815
Bisonne	163283	noire	1923	Pilon 127251	Lamie 102555
Bisonne	165023	grise	1923	Lutécien 102720	Kystique 92139
Bisontine	161670	noire	1923	Rouleau 134450	Trémière 141753
Bisontine	163284	noir-zain	1923	Pilon 127251	Rostopchine 134934
Bisqua	162520	baie	1923	Quétupa 129570	Marinette 109184
Bisque	160132	grise	1923	Temps 140932	Missive 105662
Bisque	160760	gris-foncé	1923	Trappon 143649	Ranguesne 133929
Bisque	160791	bai-brun	1923	Sablon 136420	Raze 133926
Bisque	161671	noire	1923	Rouleau 134450	Olérone 119674
Bisque	162240	grise	1923	Pélissier 126603	Parisienne 124492
Bisque	163287	gris-foncé	1923	Mercy 105783	Quouche 132334
Bissection	161672	grise	1923	Sedan 137277	Serratule 137418
Bissection	163292	noire	1923	Tabis 142880	Quaque 131210
Bissectrice	163291	gris-foncé	1923	Mercy 105783	Mitraille 110624
Bissextile	161673	gris-clair	1923	Rongetout 133602	Jurieuse 85055
Bissextile	163293	gris-foncé	1923	Turbigot 141009	Serbie 138906
Bistorte	161674	noire	1923	Rongetout 133602	Lutte 99017
Bistorte	163296	gris-foncé	1923	Nichet 117897	Lidie 68408
Bistouille	161111	noire	1923	Simbleau 136949	Quinoxe 129213
Bistrouille	160952	gris-vin.	1923	Quaduc 129371	Unie 146449
Bisulce	161676	noire	1923	Triennat 141840	Poreuse 126065
Bisulce	163298	gris-fer	1923	Turbigot 141009	Urdence 148061

NOM	N°	ROBE	Naissance	PÈRE	MÈRE
Bitche	162501	gris-foncé	1923	Sang 136446	Puantise 126477
Bitche	163996	gris-tr.-f.	1923	Tribut 141806	Ida 83082
Bithynie	162503	noire	1923	Téléphone 142061	Huitaine 73994
Bithynie	163997	gris foncé	1923	Quinaud 132720	Rigolote 135849
Bitume	161681	grise	1923	Titus 140430	Risette 73371
Bitume	163303	noire	1923	Néflier 111919	Image 81889
Bivalve	161683	grise	1923	Rongetout 133602	Remarque 134602
Bivalve	163300	noire	1923	Pilon 127251	Septenale 138988
Bizarre	161684	noire	1923	Triennat 141840	Renoncule 133402
Bizarre	163304	gris-foncé	1923	Néflier 111919	Quaisse 131425
Bizarrerie	161686	grise	1923	Ténia 140572	Simonie 136955
Bizerte	160699	grise	1923	Reynal 132841	Karacoul 92309
Bizerte	162504	gris-tr.-f.	1923	Sang 136446	Oude 121316
Bizerte	164001	grise	1923	Kourlis 95894	Suède 139262
Bizolière	162621	gris-foncé	1923	Pilon 127251	Palabre 125375
Bizouille	161634	grise	1923	Perturbateur 125648	Manivelle 107967
Blafarde	163301	noire	1923	Pilon 127251	Hocile 98612
Blagie	163306	gris-foncé	1923	Tabis 142880	Trappe 142828
Blague	160349	gris-foncé	1923	Simbleau 136949	Tartarie 140846
Blague	161553	gris-fer	1923	Radeau 134903	Mirliflore 105661
Blague	161691	grise	1923	Receveur 133074	Nécromancie 112702
Blague	165024	noire	1923	Lutécien 102720	Harmonieuse 77944
Blagueuse	160169	gris-foncé	1923	Nyctalope 113635	Régie 133437
Blagueuse	161692	grise	1923	Ténia 140572	Quarélie 130764
Blagueuse	162244	grise	1923	Pélissier 126603	Marinette 105332
Blagueuse	163307	gris-foncé	1923	Tabis 142880	Lisa 104190
Blainville	164005	grise	1923	Tribut 141806	Sommée 139763
Blaise	164008	grise	1923	Quompromis 132021	Truie 143882
Blake	164009	grise	1923	Quompromis 132021	Messène 104819
Blanchaille	161694	noire	1923	Nyctalope 113635	Médée 107337
Blanchardière	161362	grise	1923	Stimulant 137850	Juliobona 88073
Blanchardière	162865	grise	1923	Téléphone 142061	Sicile 138311
Blanche	162508	grise	1923	Polus 126947	Thèze 141991
Blancherie	162723	gris-foncé	1923	Tronchoy 142698	Pantoire 124414
Blanchette	160976	grise	1923	Souvenons 136704	Lamine 97878
Blandine	162509	grise	1923	Turco 141540	Quabane 130644
Blandine	164010	grise	1923	Kourlis 95894	Maltôte 110195
Blanque	161695	noire	1923	Ténia 140572	Originelle 119307
Blanque	163308	noire	1923	Pilon 127251	Higuonne 97073
Blanquette	161696	noire	1923	Ténia 140572	Quatrefage 129188
Blanquette	163309	gris-foncé	1923	Trélazé 142860	Tabagie 142874
Blasée	161698	noir-zain	1923	Ténia 140572	Reginglette 133238
Blasée	163310	bai-tr.-f.	1923	Tabis 142880	Brunette 68428
Blatrie	162234	gris-foncé	1923	Trappon 143649	Révoltée 133893
Blavette	164011	grise	1923	Quinaud 132720	Truxale 143892

NOM	N°	ROBE	Naissance	PÈRE	MÈRE
Blavette	164069	gris-foncé	1923	Turbigot 141009	Sombreuil 139181
Blaye	160572	noire	1923	Sablon 136420	Pythienne 126889
Blaye	161356	gris-foncé	1923	Sowiet 138115	Hermine 75516
Blaye	164013	grise	1923	Thomas 141023	Serverette 139659
Blédine	160577	gris-fer	1923	Sablon 136420	Miction 105271
Blesle	164018	grise	1923	Lutécien 102720	Perruche 128205
Blette	161547	noire	1923	Quaïnan 129648	Notule 117701
Bleue	161358	gris-foncé	1923	Torfou 142773	Nimègue 116401
Bleue	162197	grise	1923	Tablier 142345	Osée 121288
Bleue	164023	grise	1923	Lutécien 102720	Korniche 95048
Bleuette	162190	grise	1923	Quirat 128885	Nimbée 114982
Bleuette	162265	grise	1923	Sabarat 139316	Laqueuse 100657
Blida	161359	gris-foncé	1923	Kalot 92507	Séville 138570
Blinière	162161	gris-clair	1923	Ouistreham 120076	Rectiligne 133102
Blonde	161699	grise	1923	Ténia 140572	Matassin 106244
Blonde	163311	noire	1923	Trélazé 142860	Servante 138920
Blonde	165027	noire	1923	Nicobar 118452	Oka 124065
Blondine	161703	grise	1923	Trescheur 141763	Orélie 119768
Blondine	163312	gris-fer	1923	Trélazé 142860	Picorée 128308
Blondine	165025	grise	1923	Lutécien 102720	Morena 111177
Blondinette	161708	noire	1923	Rongetout 133602	Pulchérie 125109
Blondinette	163313	gris-fer	1923	Tabis 142880	Réglisse 135396
Bloquette	162221	grise	1923	Téléphone 142061	Pimpante 68047
Bloqueuse	163315	gris-fer	1923	Tabis 142880	Ordalie 121892
Bloserie	163023	grise	1923	Mylord 107421	Salonique 138288
Blotterie	162145	noire	1923	Tablier 142345	Larme 99591
Blotterie	162753	noire	1923	Sillé 139709	Octavonne 121477
Blottière	160615	noire	1923	Souvenons 136704	Odensée 120629
Blousarde	161467	noire	1923	Séducteur 137280	Orcanète 119386
Blouse	161543	gris-fer	1923	Quaïnan 129648	Tulipe 53586
Blouse	161704	grise	1923	Trescheur 141763	Joliveté 84661
Blouse	163316	gris-fer	1923	Sowiet 138115	Cartouche 50080
Blue-Star	161727	grise	1923	Quaduc 129371	Ségrairie 137285
Bluette	160612	noire	1923	Sorcier 136545	Révolte 133837
Bluette	161544	noire	1923	Radeau 134903	Mondaine 110048
Bluette	161709	gris-foncé	1923	Rongetout 133602	Quonsigne 130408
Bluette	163347	gris-foncé	1923	Toy 142796	Kisse 92156
Bluette	163611	bai-br.-f.	1923	Quasi 128865	Organe 118734
Bluette	163882	gris-clair	1923	Kourlis 93894	Océana 122953
Bluette	165026	noir-zain	1923	Lutécien 102720	Tapette 143788
Bluffeuse	161712	grise	1923	Ténia 140572	Moule 106986
Bluffeuse	163319	gris-cend.	1923	Remonteur 134855	Menace 110372
Blume	160598	gris-foncé	1923	Pélissier 126603	Krippe 92293
Blutée	160702	gris-foncé	1923	Sabarat 139316	Noise 112449
Bluterie	161713	grise	1923	Trescheur 141763	Bichette 58324

NOM	N°	ROBE	Naissance	PÈRE	MÈRE
Bluterie	163321	gris-foncé	1923	Toy 142796	Seybouse 138930
Boadicée	161361	grise	1923	Névrosé 113735	Toula 142100
Boadicée	163719	gris-foncé	1923	Régis 134284	Janina 98584
Bobèche	160821	gris-foncé	1923	True 140852	Suze 138248
Bobèche	161368	gris-foncé	1923	Konstat 95797	Odessa 121860
Bobèche	161387	noire	1923	Neuilly 112606	Montre 110673
Bobèche	161717	grise	1923	Ténia 140572	Revue 134631
Bobèche	163323	gris-foncé	1923	Sombacour 139758	Bavette 64368
Bobèche	164306	gris-foncé	1923	Régis 134284	Jarre 89094
Bobèche	164357	gris-foncé	1923	Polonais 125998	Néreïde 118537
Bobette	162274	grise	1923	Santo 139489	Lamaserie 100200
Bobine	160890	noire	1923	Marocain 107904	Nannette 113329
Bobine	161467	gris-foncé	1923	Séquoia 137376	Ida 93523
Bobine	161718	gris-foncé	1923	Triennat 141840	Kupide 91898
Bobine	163118	noire	1923	Stimulant 137850	Occidentale 120277
Bobine	163325	gris-foncé	1923	Toy 142796	Saosne 138687
Bobine	167028	grise	1923	Quoia 131888	Historiette 78383
Bobinette	161352	gris-foncé	1923	Triennat 141840	Repartie 135595
Bobinette	161720	noire	1923	Ténia 140572	Hochette 76808
Bobinette	162275	gris-foncé	1923	Santo 139489	Passerelle 124620
Bobinette	163326	gris-foncé	1923	Remonteur 134855	Nasillante 116783
Bobineuse	163327	gris-fer	1923	Sombacour 139758	Seyche 138934
Boby	160362	grise	1923	Temps 140932	Station 136682
Bocage	161350	gris-foncé	1923	Triennat 141840	Lascive 100580
Bocage	164315	gris-vin.	1923	Soulignac 139825	Limonades 103987
Bocagère	161722	noire	1923	Turco 141540	Pelletrie 125178
Bocagère	163330	bai foncé	1923	Tribut 141806	Muscadine 109485
Boccace	164311	gris-f.-vin	1923	Régis 134284	Roséine 135486
Bocquencée	164637	grise	1923	Lutécien 102720	Obésance 121913
Bode	164312	grise	1923	Soulignac 139825	Altière 98562
Bodelle	164322	noire	1923	Target 144040	Tarpéia 144039
Bodicca	161353	grise	1923	Triennat 141840	Similarité 136956
Bodicca	164304	bai-zain	1923	Sacy 139329	Gilberte 73046
Bodine	164321	grise	1923	Régis 134284	Marquise 111160
Boëce	164314	noir-m.-t.	1923	Soulignac 139825	Onde 123624
Boëge	164323	grise	1923	Santander 138727	Osmane 123478
Boësse	161725	gris-foncé	1923	Surdos 140045	Ramée 133705
Boësse	163329	noire	1923	Konstat 95797	Pareille 127812
Boétie	162822	grise	1923	Sanderling 136440	Quonquise 130399
Boétie	164317	gris-foncé	1923	Soulignac 139825	Kismette 97169
Bogie	163334	gris-foncé	1923	Tabis 142880	Ocreuse 121936
Bogota	162825	noire	1923	Quarteron 128953	Orogénie 122079
Bogue	161726	noire	1923	Surdos 140045	Nécessiteuse 112693
Bohême	161459	noire	1923	Sardinier 136860	Rameuse 134888
Bohême	162826	grise	1923	Torfou 142773	Morine 109745

NOM	N°	ROBE	Naissance	PÈRE	MÈRE
Bohême	164319	gris-foncé	1923	Neigeux 112725	Olusie 131850
Bohémienne	164421	gris-clair	1923	Quaïman 129648	Ida 83375
Bohémienne	161730	noir-zain	1923	Simbleau 136949	Noix 112034
Boigne	162827	noire	1923	Torfou 142773	Partance 124576
Boigne	164320	gris-foncé	1923	Tricolor 143720	Surtainville 139890
Boisarde	161599	noire	1923	Tranchet 143627	Quour 132379
Boisbertre	164364	gris-fer	1923	Polonais 125998	Quoutume 132417
Boisdeffre	163659	gris-fer	1923	Radeau 134903	Jaille 86934
Boisée	160172	grise	1923	Tarif 140860	Kigellariée 91664
Boiserie	161731	noire	1923	Perturbateur 125648	Obésité 118750
Boisette	160295	noire	1923	Nyctalope 113635	Quscute 129339
Boislisle	162828	grise	1923	Torfou 142773	Partie 124577
Boisnerie	160534	bai-br.-f.	1923	Solognot 137612	Particule 124581
Boisselée	161729	grise	1923	Surdos 140045	Sautée 137143
Boisselée	163336	gris-foncé	1923	Tabis 142880	Occupante 121929
Boisselière	162763	noire	1923	Sowiet 138115	Lionne 103383
Boisselière	162820	noir-zain	1923	Néflier 111919	Reddition 135334
Boissière	161607	gris-tr.-f.	1923	Tranchet 143627	Goulue 98569
Boissière	162829	noire	1923	Torfou 142773	Lanterne 103037
Boissière	164378	gris-foncé	1923	Polonais 125998	Uscardine 148591
Boissonade	161605	gris-foncé	1923	Polonais 125998	Ulluke 149956
Boissonade	162830	grise	1923	Torfou 142773	Névreuse 115418
Boiste	162831	noire	1923	Sanderling 136440	Rancenne 135012
Boite	162264	noire	1923	Sabarat 139316	Perlière 125026
Boite	163337	gris-foncé	1923	Trélazé 142860	Kabine 96613
Boitte	161732	noire	1923	Perturbateur 125648	Pochetée 125529
Bolévie	162261	gris-clair	1923	Sabarat 139316	Quoriacée 130539
Bolise	161004	noir-zain	1923	Ramoneur 133946	Incidence 78707
Bolivie	161608	gris-foncé	1923	Régis 134284	Souesme 139812
Bolivie	161734	grise	1923	Rouleau 134450	Pointure 125558
Bolivie	162836	grise	1923	Quarteron 128953	Quorogne 130971
Bolivie	163344	gris-cend.	1923	Pilon 127251	Provence 127388
Bolivie	165037	bai-zain	1923	Médisant 105527	Univette 147245
Bolivie	165040	gris-foncé	1923	Tambourin 143299	Karia 96687
Bollande	164324	grise	1923	Polonais 125998	Pilule 128347
Bollée	161014	noire	1923	Simbleau 136949	Quâlinerie 129421
Bollène	161611	gris-tr.-f.	1923	Polonais 125998	Quoupure 132378
Bollène	162837	grise	1923	Quarteron 128953	Lettre 98023
Bologne	161609	gris-foncé	1923	Régis 134284	Pichenette 128303
Bologne	162839	noire	1923	Sanderling 136440	Lasolarie 103484
Bolsena	161613	gris-foncé	1923	Régis 134284	Jaserie 89093
Bolsena	162840	noire	1923	Sanderling 136440	Nicklure 115758
Boltone	164326	gris-foncé	1923	Sacy 139329	Tavanne 144063
Bombance	161739	grise	1923	Rongetout 133602	Quaucasienne 129880
Bombance	163349	gris-foncé	1923	Trélazé 142860	Huisserie 75794

NOM	N°	ROBE	Naissance	PÈRE	MÈRE
Bombarde	163348	noir-zain	1923	Trélazé 142860	Rubrique 134481
Bombe	161747	grise	1923	Temps 140932	Quoronille 130560
Bombe	163350	gris-foncé	1923	Turbigot 141009	Picpoule 128311
Bombée	161748	grise	1923	Nyctalope 113635	Ostéocole 119501
Bombela	161615	gris-foncé	1923	Régis 134284	Soulange 139820
Bombela	162842	grise	1923	Sanderling 136440	Ordonnée 122006
Bona	161618	gris-foncé	1923	Régis 134284	Remontrance 134860
Bona	162846	grise	1923	Quarteron 128953	Orge 122022
Bonace	161382	grise	1923	Mercy 105783	Sentinelle 139676
Bonace	161752	grise	1923	Quaduc 129371	Présidiale 126231
Bonacia	161315	baie	1923	Trumeau 141489	Narcisse 111821
Bonasse	163354	baie	1923	Sapor 138736	Sardaigne 138741
Bonaventure	161619	gris-foncé	1923	Nérac 112728	Narquoise 118552
Bonaventure	162849	bai-brun	1923	Tronchoy 142698	Urémie 147706
Bonbonne	160442	gris-foncé	1923	Sorcier 136545	Pologne 124204
Bonbonne	160478	gris-foncé	1923	Sapor 138736	Nominale 112329
Bonbonne	161301	noire	1923	Trescheur 141763	Hardie 74328
Bonbonne	162279	noire	1923	Trappon 143649	Rezonville 134293
Bonbonne	163353	noire	1923	Sapor 138736	Mentana 105639
Bonbonnière	162259	grise	1923	Simbleau 136949	Quazine 129996
Bonde	160720	noire	1923	Tronchoy 142698	Navenne 116537
Bondrée	163358	noire	1923	Sillé 139709	Safre 138190
Bône	160885	gris-noir	1923	Recueil 133141	Rosette 134943
Bône	164328	noire	1923	Truc 140852	Orbitèle 120902
Bône	165039	noire	1923	Kalot 92507	Marenne 107211
Bonhomie	163359	gris-foncé	1923	Supérieur 137000	Kandjam 95062
Boniface	162855	noire	1923	Quarteron 128953	Osseuse 122119
Bonique	160111	gris-foncé	1923	Pélissier 126603	Ustrale 144546
Bonique	160717	gris foncé	1923	Tronchoy 142698	Tamise 141053
Bonita	163619	noire	1923	Quasi 128865	Quorday 130960
Bonite	161759	grise	1923	Rongetout 133602	Reillanne 134590
Bonite	163360	gris-foncé	1923	Supérieur 137000	Quarème 130208
Bonnaventure	160705	gris-foncé	1923	Sapor 138736	Tyrcis 140992
Bonne	160782	grise	1923	Tictac 140979	Savine 137027
Bonne	161383	noire	1923	Nichet 117897	Klorinde 96535
Bonne	161737	grise	1923	Trinôme 141528	Négresse 114722
Bonne	163363	gris-foncé	1923	Sapor 138736	Liégeuse 104200
Bonne	164336	gris-foncé	1923	Régis 134284	Térence 144083
Bonnechose	162856	grise	1923	Tronchoy 142698	Kouperose 95880
Bonnechose	164337	gris-foncé	1923	Remonteur 134855	Noisette 118507
Bonnétable	162857	noire	1923	Tronchoy 142698	Touvre 142111
Bonnétable	164338	gris-foncé	1923	Remonteur 134855	Ochnacée 122859
Bonnetade	163365	noire	1923	Sapor 138736	Oke 120773
Bonnetière	161764	grise	1923	Temps 140932	Teigne 140867
Bonnette	161761	grise	1923	Nyctalope 113635	Sarah 56765

NOM	N°	ROBE	Naissance	PÈRE	MÈRE
Bonnette	163368	gris-foncé	1923	Nichet 117897	Lyre 102045
Bonneval	164346	noir-m.-t.	1923	Régis 134284	Touée 143521
Bonneville	162864	noire	1923	Téléphone 142061	Oyase 120759
Bonneville	164339	gris-foncé	1923	Remonteur 134855	Pileuse 128335
Bonniche	160726	grise	1923	Sillé 139709	Quintessence 13012
Bonnichette	160730	noire	1923	Sabarat 139316	Sabouine 138201
Bonnière	162866	grise	1923	Téléphone 142061	Once 120374
Bonté	161762	noire	1923	Nyctalope 113635	Perrette 124295
Bonté	162188	noir-zain	1923	Quirat 128885	Nécrologie 112701
Bonté	163369	gris-foncé	1923	Turbigot 141009	Kloze 95667
Bonzerie	163370	gris-foncé	1923	Turbigot 141009	Tortelle 143498
Bonzine	160937	grise	1923	Nyctalope 113635	Castille 66931
Bootle	162867	grise	1923	Téléphone 142061	Pustule 126871
Bootle	164347	grise	1923	Régis 134284	Mitraille 108267
Boquette	161051	grise	1923	Ouistreham 120076	Coquette 90076
Boracite	161763	gris-foncé	1923	Nyctalope 113635	Tarentule 141550
Boracite	163377	noir-zain	1923	Sowiet 138115	Jouvencelle 86434
Borate	161765	noire	1923	Terreau 140590	Turbine 140866
Borde	161769	grise	1923	Ténia 140572	Rouerie 134432
Borde	161887	grise	1923	Triennat 141840	Odalisque 120181
Borde	162438	grise	1923	Saumur 136404	Roupie 134456
Borde	163379	noire	1923	Pilon 127251	Uzerche 148129
Bordée	161197	grise	1923	Séducteur 137280	Rance 133709
Bordée	161770	grise	1923	Trescheur 141763	Sidération 137476
Bordère	164351	noire	1923	Neigeux 112725	Kaki 98615
Bordigue	163378	noire	1923	Reynal 132841	Sprée 139234
Bordone	162868	noire	1923	Téléphone 142061	Orbrie 119920
Bordone	164352	grise	1923	Soulignac 139825	Paquerette 55982
Bordure	163383	alezane	1923	Reynal 132841	Stobée 139251
Bore	164358	noir-m.-t.	1923	Tranchet 143627	Tournemine 144231
Boréale	160142	grise	1923	Ramoneur 133946	Herminie 74523
Boréale	163385	noire	1923	Reynal 132841	Machine 110122
Borée	161093	baie	1923	Nyctalope 113635	Revanche 134650
Borée	163386	gris-foncé	1923	Reynal 132841	Joze 88614
Borelli	164359	gris-foncé	1923	Soulignac 139825	Kasbah 97221
Borghèse	164360	noir zain	1923	Soulignac 139825	Moquette 111342
Borgia	164362	gris-foncé	1923	Truc 140852	Ourse 123514
Borgne	163387	gris fer	1923	Supérieur 137000	Kazéïne 94888
Borinage	162870	grise	1923	Téléphone 142061	Roupille 134009
Borinage	164363	grise	1923	Soulignac 139825	Pimbêche 128354
Borine	161925	noir-zain	1923	Sauteur 137147	Nikeline 113815
Borine	163390	gris-foncé	1923	Sapor 138736	Niobé 117245
Borique	160496	gris-foncé	1923	Sorcier 136545	Taine 140961
Borisov	164365	gris-fer	1923	Polonais 125998	Théano 144101
Borlasie	161926	rouanne	1923	Triolet 141391	Clairette 68799

NOM	N°	ROBE	Naissance	PÈRE	MÈRE
Borlasie	163391	gris-foncé	1923	Pilon 127231	Gavroche 72942
Bormida	162871	noire	1923	Téléphone 142061	Anodine 60360
Bormida	164366	grise	1923	Polonais 125998	Pipelette 128385
Bormio	164369	gris-foncé	1923	Polonais 125998	Marionette 111314
Borne	161927	grise	1923	Perturbateur 125648	Koncave 91109
Bornée	160830	gris fer	1923	Tendant 140559	Lataille 103372
Bornéo	164371	grise	1923	Polonais 125998	Malvoisie 111406
Borneuse	160339	noire	1923	Temps 140932	Toutenoire 141719
Borromée	162873	grise	1923	Téléphone 142061	Taque 140373
Borromée	164380	grise	1923	Polonais 125998	Moule 110801
Borysthène	164381	gris-foncé	1923	Neigeux 112725	Hésione 84483
Boscotte	163393	gris-foncé	1923	Toy 142796	Putride 127411
Boscotte	164382	bai-br.-f.	1923	Neigeux 112725	Nanette 118645
Bosière	161212	grise	1923	Taquin 140673	Pomponnette 125581
Bosna	164385	noir-m.-t.	1923	Neigeux 112725	Sédition 139998
Bosniaque	160716	grise	1923	Sablon 136420	Tanne 141052
Bosniaque	161929	noire	1923	Sébastopol 137245	Libourne 100989
Bosnie	162875	gris-noir	1923	Téléphone 142061	Quonstance 130918
Bosnie	163395	gris-fer	1923	Toy 142796	Serrière 138914
Bosnie	164383	noire	1923	Santander 138727	Orange 122356
Bosnienne	161932	noir-zain	1923	Rongetout 133602	Odeur 118840
Bosphore	164390	gris-clair	1923	Santander 138727	Ussive 148602
Bosquette	160320	bai-brun	1923	Souvenons 136704	Orgette 119187
Bosse	163399	gris-fer	1923	Toy 142796	Infusion 93453
Bosselie	163396	gris-foncé	1923	Toy 142796	Sibérie 138948
Bossette	161930	noire	1923	Rongetout 133602	Peine 125052
Bossue	161152	noire	1923	Séducteur 137280	Ovule 119592
Bossue	161935	noire	1923	Soupirail 137701	Ribis 61342
Bossue	163429	grise	1923	Juste 85878	Hermine 77113
Bossue	164393	noire	1923	Quoiffeur 130263	Oche 123555
Bossue	164394	grise	1923	Polonais 125998	Noisette 118654
Bostone	161944	grise	1923	Sébastopol 137245	Planchette 125992
Bostryche	163430	grise	1923	Juste 85878	Kaline 94757
Bostryche	163431	gris-foncé	1923	Ouleux 121183	Mollesse 108824
Botanique	164408	gris-vin.	1923	Polonais 125998	Kanaza 96803
Bothnie	162878	noire	1923	Quarteron 128953	Payse 124765
Botnie	164406	gris-vin.	1923	Polonais 125998	Poivrière 128546
Botnie	161936	baie	1923	Ornain 119960	Minutie 107883
Botte	162281	noire	1923	Quadricycle 128838	Latente 100673
Botte	163433	noire	1923	Mordicant 110698	Kama 95355
Botte	160715	grise	1923	Pantin 124490	Jesthime 85937
Bottelette	163434	grise	1923	Mordicant 110698	Jeunesse 87044
Bottelette	163435	grise	1923	Mordicant 110698	Italienne 81103
Botterie	160166	grise	1923	Trapèze 140424	Quontre 130439
Bottine	160586	grise	1923	Sablon 136420	Robe 133814
Bottine					

NOM	N°	ROBE	Naissance	PÈRE	MÈRE
Bottine	161937	grise	1923	Ornain 119960	Ouelle 122366
Bottine	163439	gris rouan	1923	Toy 142796	Utrera 144845
Bouaye	164412	grise	1923	Trophonius 144319	Quarteline 132658
Boucharde	163441	baie	1923	Titi 141717	Kerjolie 94144
Bouchardière	162114	grise	1923	Tirailleur 143385	Singeuse 137523
Bouche	161223	grise	1923	Turco 141540	Quausse 129891
Bouche	161938	grise	1923	Ornain 119960	Quolature 130192
Bouche	163442	noire	1923	Ouleux 121183	Louisette 104682
Bouchée	161940	gris-fer-f.	1923	Sébastopol 137245	Session 137432
Bouchée	162876	noire	1923	Téléphone 142061	Radicelle 135018
Bouchée	164413	grise	1923	Thillot 144147	Gautoise 71441
Bouchère	163443	grise	1923	Ouleux 121183	Noaille 116630
Bouchetière	164085	grise	1923	Médisant 105527	Meuse 108490
Bouchotte	162880	noire	1923	Téléphone 142061	Quope 130928
Bouchotte	164415	grise	1923	Strasbourg 139864	Roulure 136016
Boucle	160256	gris-foncé	1923	Sauteur 137147	Logique 99519
Boucle	161942	grise	1923	Perturbateur 125648	Kaduque 90513
Boucle	163446	grise	1923	Turquin 142152	Oxalide 121858
Bouclette	160155	gris-foncé	1923	Souvenons 136704	Sultane 136377
Bouclette	160205	grise	1923	Pelissier 126603	Onorée 119978
Bouclette	161945	gris rouan	1923	Perturbateur 125648	Nivelette 112015
Bouclette	163448	noir-zain	1923	Juste 85878	Morale 110687
Boucrelle	160129	grise	1923	Ramoneur 133946	Intrépidité 79216
Bouderie	163449	baie	1923	Toy 142796	Biche 93298
Boudette	161624	grise	1923	Quintanar 129225	Kolette 90467
Boudeuse	160364	noire	1923	Ténia 140572	Lalerme 52393
Boudeuse	161946	grise	1923	Perturbateur 125648	Triplique 141408
Boudeuse	163451	grise	1923	Mordicant 110698	Lasserie 102089
Boudeuse	163617	grise	1923	Treignac 142130	Biche 98330
Boudine	161947	noire	1923	Perturbateur 125648	Modane 105212
Boudine	163455	grise	1923	Néflier 111919	Géta 72349
Boudinière	161948	grise	1923	Ornain 119960	Margot 108695
Bouée	161949	grise	1923	Ornain 119960	Lubrique 100401
Bouette	163333	gris-fer	1923	Tabis 142880	Ninette 116802
Bouette	165032	gris-foncé	1923	Nérac 112728	Saccade 139917
Boueuse	161950	noire	1923	Soupirail 137701	Ulcote 146523
Bouffante	163457	grise	1923	Mordicant 110698	Kalmie 97659
Bouffarde	161951	noir-zain	1923	Sébastopol 137245	Nicotiane 113866
Bouffarde	163458	grise	1923	Mordicant 110698	Milady 108869
Bouffette	162200	grise	1923	Tablier 142345	Osmane 121291
Bouffonne	160103	noire	1923	Treignac 142130	Pelote 90239
Bouflette	160685	noir-m.-t.	1923	Santander 138727	Jacotine 88785
Bougette	161955	bai-br.-f.	1923	Sébastopol 137245	Trirote 141418
Bougette	163465	noire	1923	Mordicant 110698	Almyre 61544
Bougie	160307	gris-foncé	1923	Sorcier 136545	Mausade 105708

NOM	N°	ROBE	Naissance	PÈRE	MÈRE
Bougie	161959	gris-f.-r.	1923	Trescheur 141763	Trompeuse 141444
Bougie	162883	noire	1923	Tahure 141677	Subtilité 137919
Bougie	164417	grise	1923	Trochu 144305	Musique 110893
Bouginville	164420	noire	1923	Strasbourg 139864	Nichée 117901
Bougonne	163466	noire	1923	Mordicant 110698	Linière 102202
Bougraisse	161123	grise	1923	Ténia 140572	Quasanière 129812
Bouhourdière	163778	grise	1923	Quompromis 132021	Irénée 93505
Bouillabaise	160333	noire	1923	Souvenons 136704	Nanan 111608
Bouillabaisse	163467	gris-foncé	1923	Névrosé 113735	Nécrobie 114060
Bouille	163468	grise	1923	Névrosé 113735	Tenaille 143072
Bouilleuse	160522	grise	1923	Tralala 143618	Nourriture 112435
Bouillie	160732	noire	1923	Sablon 136420	Recoupe 135298
Bouillie	161963	noire	1923	Rongetout 133602	Sienne 137455
Bouillie	163473	grise	1923	Ouleux 121183	Lorette 102258
Bouilloire	161964	noire	1923	Triolet 141391	Nouméa 113292
Bouillotte	161965	noire	1923	Perturbateur 125648	Ocelle 118809
Boukharie	164418	grise	1923	Trochu 144305	Noire 117962
Boulaie	161966	noire	1923	Perturbateur 125648	Ocellation 118808
Boulaie	163475	bai-zain	1923	Kalidun 95297	Régina 135216
Boulange	163476	noire	1923	Tavel 142425	Polka 84451
Boulangère	164421	noire	1923	Tilly 144173	Thiérache 144136
Boularde	164423	grise	1923	Strasbourg 139864	Thionville 144137
Boulaserie	162945	noire	1923	Torfou 142773	Quinzaine 131133
Boulbène	161968	grise	1923	Turgot 141541	Octandrie 118813
Boulbène	163479	noire	1923	Titi 141717	Mina 78510
Boule	160469	grise	1923	Sablon 136420	Jubine 98416
Boule	161967	gris-rouan	1923	Turgot 141541	Pécheresse 124945
Boule	162756	gris-foncé	1923	Sombacour 139758	Ognette 122936
Boule	163480	noire	1923	Ouleux 121183	Ténacité 143073
Boule	164431	noire	1923	Tobol 144205	Ruche 136068
Bouledeneige	161733	noir-zain	1923	Rouleau 134450	Kordre 90365
Bouledor	161019	noire	1923	Simbleau 136949	Kascarille 97592
Boulerie	161973	grise	1923	Sauteur 137147	Kahoteuse 90527
Bouletée	163482	grise	1923	Socialiste 136651	Kommune 94081
Bouletière	160874	noire	1923	Quintanar 129225	Neuve 114381
Boulette	160557	grise	1923	Trappon 143649	Roulette 53569
Boulette	160749	noire	1923	Sablon 136420	Ussonne 144693
Boulette	161970	gris-clair	1923	Turco 141540	Ugoline 148449
Boulette	162184	noire	1923	Lichas 98731	Chanteuse 67386
Boulette	163484	noire	1923	Socialiste 136651	Ninette 112249
Bouleture	163485	noir-zain	1923	Socialiste 136651	Nora 112250
Bouleuse	161972	noire	1923	Triolet 131391	Nouka 113291
Boulevue	163491	grise	1923	Mordicant 110698	Sablatine 136411
Boulgarine	162885	grise	1923	Téléphone 142061	Salorge 136997
Boulgarine	164425	grise	1923	Strasbourg 139864	Muraie 110861

NOM	N°	ROBE	Naissance	PÈRE	MÈRE
Boulifarde	161143	grise	1923	Séducteur 137280	Luette 99795
Boulimie	161974	noire	1923	Triennat 141840	Quille 129465
Boulimie	163492	grise	1923	Mordicant 110698	Adèle 98134
Bouline	161978	grise	1923	Sénat 136589	Péseta 125657
Boulingue	161977	gris-vin.	1923	Sénat 136589	Rama 132985
Boulingue	163493	grise	1923	Mordicant 110698	Macra 108899
Boulle	161991	grise	1923	Rongetout 133602	Parieuse 124530
Boulle	162526	grise	1923	Receveur 133074	Outarville 121340
Boulle	164426	noire	1923	Tobol 144205	Soveria 139866
Boulogne	162527	grise	1923	Receveur 133074	Provision 126447
Boulogne	164429	grise	1923	Nénuphar 117675	Treille 143659
Bouloire	164430	noire	1923	Tribur 144284	Pimprenelle 128355
Boulotte	160100	noire	1923	Treignac 142130	Braisette 53009
Boulotte	160397	noire	1923	Japon 84819	Kasuelle 93780
Boulotte	160456	gris-foncé	1923	Souvenons 136704	Québra 128788
Boulotte	162354	noir-zain	1923	Raynouard 133959	Quiétude 128895
Boulotte	162554	grise	1923	Sang 136446	Usine 145724
Boulotte	163144	noire	1923	Relevant 133297	Hirondelle 77999
Boulotte	163494	noire	1923	Magellan 106095	Mordelle 108920
Boulotte	163621	noire	1923	Pneu-ex-Palestro 126523	Surprise 138851
Boulure	161980	gris-fer-f.	1923	Turgot 141541	Qliquette 129942
Boulure	163495	grise	1923	Magellan 106095	Konscience 93981
Bouque	163496	noire	1923	Saosnois 138835	Loquace 101404
Bouqueteille	160211	noire	1923	Saleux 139360	Mouvette II 53573
Bouquetière	161982	noire	1923	Rongetout 133602	Raison 134542
Bouquette	162201	noire	1923	Tablier 142345	Théodose 141971
Bourache	160450	gris-foncé	1923	Souvenons 136704	Notation 112350
Bourbe	161989	noire	1923	Sébastopol 137245	Silène 137489
Bourbe	163505	grise	1923	Socialiste 136651	Kocyte 94059
Bourbeuse	161990	grise	1923	Sébastopol 137245	Silencieuse 137488
Bourbonnaise	161983	grise	1923	Rongetout 133602	Radegonde 134541
Bourbonne	164437	grise	1923	Tribur 144284	Jumelée 89187
Bourbotte	162563	noire	1923	Sang 136446	Tigrane 142019
Bourbotte	164439	grise	1923	Strasbourg 139864	Olive 123590
Bourboule	160477	grise	1923	Sapor 138736	Mazurka 105941
Bourboule	162565	grise	1923	Sang 136446	Orpheline 121458
Bourboule	164442	gris-tr.-f.	1923	Nérac 112728	Piteuse 128423
Bourcette	161984	noire	1923	Rongetout 133602	Sasse 137128
Bourcette	163506	noire	1923	Socialiste 136651	Morphine 108937
Bourdaine	160351	gris-foncé	1923	Ténia 140572	Recherche 133622
Bourdaine	161985	noire	1923	Simbleau 136949	Kadenette 90506
Bourdaine	163512	grise	1923	Magellan 106095	Ruremonde 134341
Bourdaloue	164443	grise	1923	Strasbourg 139864	Olivète 123592
Bourde	163513	grise	1923	Qrédit 130005	Gamine 75256
Bourdeuse	163514	noire	1923	Qrédit 130005	Kolombine 89892

NOM	N°	ROBE	Naissance	PÈRE	MÈRE
Bourdigale	163045	noire	1923	Mylord 107421	Neste 112584
Bourdine	161109	grise	1923	Quadue 129371	Pièce 125174
Bourdine	162303	grise	1923	Quadricycle 128838	Historiette 74270
Bourdinette	162287	grise	1923	Sablon 136420	Surette 136397
Bourdinière	163764	grise	1923	Tyroglyphe 143987	Turlutaine 143952
Bourdinière	163988	gris-foncé	1923	Turbigot 141009	Nartelle 117353
Bourdonne	160475	grise	1923	Sapor 138736	Quollecte 131912
Bourdonnière	162352	bai-br.-z.	1923	Relevant 133297	Quosme 130989
Bourdonnière	163515	baie	1923	Qrédit 130005	Pardine 126665
Bourgade	161997	noire	1923	Quirat 128885	Brillantine 55324
Bourgade	162413	gris-clair	1923	Succès 137926	Koussine 93030
Bourgade	163518	alezane	1923	Qrédit 130005	Lalanne 102013
Bourge	164445	noire	1923	Strasbourg 139864	Pivoine 128427
Bourgène	161994	grise	1923	Ténia 140572	Phase 125691
Bourgène	163521	gris-rouan	1923	Socialiste 136651	Modale 108761
Bourgeoise	164234	gris-clair	1923	Turbigot 141009	Sasseville 139445
Bourgeoise	164448	noire	1923	Strasbourg 139864	Surgère 139887
Bourgère	163392	gris-foncé	1923	Mercy 105783	Sablière 139319
Bourget	162569	grise	1923	Sang 136446	Grive 81794
Bourgogne	162571	noire	1923	Sang 136446	Rule 134784
Bourgogne	163522	grise	1923	Socialiste 136651	Poésie 126578
Bourgogne	164449	noire	1923	Tobol 144205	Livourne 99637
Bourguignotte	163523	baie	1923	Socialiste 136651	Unguéale 147357
Bourique	160448	noire	1923	Tralala 143618	Oursine 120576
Bourmonite	162001	grise	1923	Quintanar 129225	Quaducée 129617
Bournonitte	163524	grise	1923	Socialiste 136651	Létia 102160
Bourrache	162002	grise	1923	Quintanar 129225	Quarence 129787
Bourrache	162545	grise	1923	Sang 136446	Pudique 126513
Bourrache	163525	grise	1923	Socialiste 136651	Palleville 126644
Bourrade	162006	baie	1923	Sébastopol 137245	Passerine 124622
Bourrade	163526	grise	1923	Socialiste 136651	Cascade 78500
Bourrasque	163528	noire	1923	Socialiste 136651	Gentille 78458
Bourre	162007	noire	1923	Perturbateur 125648	Urodèle 146126
Bourrée	160790	noir-zain	1923	Sapor 138736	Terrine 141101
Bourrée	162008	grise	1923	Quintanar 129225	Natalité 114337
Bourriche	162009	noire	1923	Quintanar 129225	Lanche 100232
Bourrienne	162573	noire	1923	Sang 136446	Mixture 106856
Bourrienne	164451	grise	1923	Tobol 144205	Fileuse 90112
Bourrue	163531	noire	1923	Socialiste 136651	Pèpe 126570
Bourse	162012	noire	1923	Perturbateur 125648	Ramsgate 134553
Bourse	162574	grise	1923	Sang 136446	Médiation 64291
Bourse	163534	noire	1923	Socialiste 136651	Novale 112213
Bourse	164452	grise	1923	Saumeray 139476	Josabeth 98557
Boursière	163535	noire	1923	Socialiste 136651	Nacinthe 111595
Bousculade	163538	baie	1923	Socialiste 136651	Muguette 108748

NOM	N°	ROBE	Naissance	PÈRE	MÈRE
Boussardière	160585	grise	1923	Pélissier 126603	Nigauderie 111668
Bousse	160444	noire	1923	Souvenons 136704	Manivelle 105331
Bousse	160762	grise	1923	Pélissier 126603	Qonfirmée 129631
Boussière	162584	noire	1923	Sang 136446	Kursire 91900
Boussière	164459	grise	1923	Nérac 112728	Ninive 118362
Boussole	162018	grise	1923	Soupirail 137701	Lamotte 101172
Boussole	163546	noir-zain	1923	Titi 141717	Longville 102253
Boustifaille	163541	noire	1923	Socialiste 136631	Teramo 141946
Bouteille	160064	grise	1923	Ramoneur 133946	Offrande 120212
Bouteille	160232	grise	1923	Nyctalope 113635	Colombine 62922
Bouteille	163548	noire	1923	Titi 141717	Limeuse 103196
Bouteillère	162507	noire	1923	Polus 126947	Saignée 136766
Bouteillerie	163342	gris-fer	1923	Turbigot 141009	Polka 98364
Bouterolle	162020	gris-foncé	1923	Stokolme 138147	Urraca 145829
Bouterolle	163549	alezane	1923	Titi 141717	Uniforme 147378
Bouteville	164460	grise	1923	Tobol 144205	Plaideuse 128438
Boutique	160156	gris-foncé	1923	Ramoneur 133946	Qualamite 129676
Boutisse	162021	gris foncé	1923	Temps 140932	Sachine 139327
Boutonne	162586	noire	1923	Sang 136446	Herbière 78053
Boutonne	164462	grise	1923	Trochu 144305	Survie 139891
Boutonnière	160363	noire	1923	Sorcier 136545	Lisette 73374
Bouture	162022	noire	1923	Stokolme 138147	Nenni 114742
Bouture	163723	grise	1923	Médisant 105527	Parenté 127818
Bouvenche	164004	gris-foncé	1923	Turbulent 143938	Navrante 117619
Bouverie	162024	gris-cl.-a.	1923	Taquin 140673	Iode 78927
Bouverie	163656	gris-foncé	1923	Radeau 134903	Palabre 126590
Bouverie	163725	gris-foncé	1923	Stokolme 138147	Niniche 111961
Bouvière	160243	grise	1923	Sorcier 136545	Rôdeuse 134236
Bouvière	162028	noir-m.t.z	1923	Terreau 140590	Galilée 69515
Bouvière	162149	gris-foncé	1923	Tablier 142345	Kontadine 93601
Bouvière	163736	grise	1923	Tedzo 140341	Pantoire 127766
Bouvière	164463	grise	1923	Nérac 113224	Quadrige 132475
Bouvine	162587	grise	1923	Sabat 138023	Mariane 109189
Bouvine	164333	grise	1923	Polonais 125998	Quinolla 132412
Bouvine	164464	grise	1923	Soulignac 139825	Unioculée 149920
Bouvinerie	162122	grise	1923	Quaduc 129371	Quorolle 130557
Bouzillarde	160258	noire	1923	Souvenons 136704	Padilla 125408
Bouzine	161198	grise	1923	Sauteur 137147	Poêlée 125533
Bouzonville	164465	grise	1923	Soulignac 139825	Parmacelle 127856
Bove	164467	noire	1923	Tobol 144205	Quoséquence 132118
Bovine	162030	noire	1923	Temps 140932	Néphrite 113044
Bovine	163726	grise	1923	Truc 140852	Ovulation 123333
Bovinière	163340	noire	1923	Trélazé 142860	Korrallie 95013
Boxe	162034	gris-vin.	1923	Qroisy 130286	Rigoletta 133770
Boxe	163729	gris-foncé	1923	Saleux 139360	Uzine 148123

NOM	N°	ROBE	Naissance	PÈRE	MÈRE
Boxeuse	163732	gris-foncé	1923	Reynal 132841	Nette 111620
Boyaca	162886	noire	1923	Téléphone 142061	Lésineuse 103075
Boyaca	164469	grise	1923	Trembley 144261	Plaisante 128446
Boyarde	162036	gris-foncé	1923	Terreau 140590	Livie 101560
Boyarde	163730	gris-foncé	1923	Targon 144038	Tzarine 144001
Boyle	162888	bai-brun	1923	Téléphone 142061	Orthologie 122093
Boyle	164470	grise	1923	Thillot 144147	Noduleuse 117955
Boyne	162889	noire	1923	Téléphone 142061	Umour 145943
Boyne	164473	noire	1923	Tribur 144284	Quadrille 132477
Brabançonne	162892	grise	1923	Téléphone 142061	Pythie 126888
Brabançonne	163746	baie	1923	Keris 93769	Orchidée 123128
Brachiale	162037	grise	1923	Terreau 140590	Héloïse 77687
Brachiale	163737	grise	1923	Keris 93769	Hardie 90126
Bractéale	163744	gris-bleu	1923	Néflier 141919	Laurinée 101796
Bractée	163740	grise	1923	Tedzo 140341	Nymphée 117127
Bractéole	163741	gris-bleu	1923	Quasson 131729	Osburne 120436
Bradamante	162893	grise	1923	Tendant 140559	Occase 121401
Braga	162894	grise	1923	Tendant 140559	Quoriole 130965
Bragance	162897	noir-zain	1923	Téléphone 142061	Poltronne 126915
Bragance	164487	rouanée	1923	Trochu 144305	Kharbine 97331
Brague	163742	gris-foncé	1923	Quasson 131729	Ombrée 123007
Braie	163747	gris-vin.	1923	Keris 93769	Harengère 77445
Braïla	164489	grise	1923	Strasbourg 139864	Kermesse 97329
Braillarde	163749	noir-zain	1923	Néflier 141919	Oriflamme 123165
Braille	164490	noire	1923	Trochu 144305	Sablière 139911
Braise	160597	bai-brun	1923	Sablon 136420	Quouchète 130608
Braise	160691	gris-foncé	1923	Trappon 143649	Qréditée 130003
Braise	161089	grise	1923	Tentateur 140316	Océane 120146
Braise	162045	gris-foncé	1923	Terreau 140590	Quanillée 130256
Braise	162315	noire	1923	Souvenons 136704	Ramette 133587
Braise	163750	grise	1923	Néflier 141919	Oréade 123142
Braisette	160225	gris-foncé	1923	Quaduc 129371	Tendresse 140568
Braisette	162577	noire	1923	Sang 136446	Lapenne 101538
Braisière	162046	grise	1923	Terreau 140590	Uccle 145775
Braisière	163752	grise	1923	Sérum 136999	Karata 96279
Brame	163751	gris-foncé	1923	Régis 134284	Hesse 98539
Bramine	163753	grise	1923	Keris 93769	Quouronne 132386
Branc	161774	noire	1923	Tinto 142060	Réserve 133711
Branche	163754	grise	1923	Romand 135963	Sarcelle 139418
Branchée	161778	noire	1923	Tinto 142060	Remuante 133361
Branchée	163755	gris-foncé	1923	Pectiné 124801	Terre 144090
Branchette	163756	noire	1923	Romand 135963	Trégastel 142850
Branchie	163757	grise	1923	Médisant 105527	Retraitée 135731
Branchue	160794	noire	1923	Sablon 136420	Parme 125467
Branchue	163761	gris-clair	1923	Trophonius 144319	Onglette 123048

NOM	N°	ROBE	Naissance	PÈRE	MÈRE
Brandade	160199	noire	1923	Temps 140932	Marida 105543
Brandade	161782	gris-clair	1923	Tinto 142060	Huée 73905
Brandade	163765	grise	1923	Pectiné 124801	Quompagnie 131999
Brande	161172	grise	1923	Séducteur 137280	Olive 120307
Brande	161779	gris-clair	1923	Sanderling 136440	Nubie 112764
Brande	163767	gris-foncé	1923	Turbigot 141009	Pécore 128067
Brandone	160070	gris-foncé	1923	Temps 140932	Perfoliée 125009
Branloire	161783	grise	1923	Tinto 142060	Kuisse 91884
Branloire	163768	grise	1923	Pectiné 124801	Sembadel 139567
Branne	162900	grise	1923	Tendant 140559	Kaketie 92411
Brasque	161784	gris-foncé	1923	Saumur 136404	Jacasse 86098
Brasque	163773	grise	1923	Tartare 140997	Trameuse 143612
Brasse	161787	gris-clair	1923	Tinto 142060	Sphyrène 137763
Brasse	163774	gris-foncé	1923	Romand 135963	Larpie 102796
Brassée	161790	noire	1923	Tinto 142060	Récluse 134361
Brassée	163775	noire	1923	Keris 93769	Konfusion 95771
Brasserie	163776	noir-m.-t.	1923	Keris 93769	Pesse 128239
Brassière	163780	grise	1923	Turbigot 141009	Outrée 122754
Brasure	163783	noir-rub.	1923	Keris 93769	Nazelle 117369
Braudière	163003	grise	1923	Polus 126947	Rhétie 134299
Bravache	160221	gris-foncé	1923	Nyctalope 113635	Reine 132842
Bravache	163784	gris-foncé	1923	Keris 93769	Risible 135884
Bravade	161793	grise	1923	Saumur 136404	Jale 84846
Bravade	163788	grise	1923	Keris 93769	Patrie 127987
Brave	160495	noire	1923	Sorcier 136545	Ustica 144836
Bravoure	161798	noire	1923	Raynouard 133959	Kamala 97678
Bravoure	162257	grise	1923	Simbleau 136949	Kouleuvre 91333
Bravoure	163792	gris-bleu	1923	Tartare 140997	Ozette 120448
Braye	160578	gris-fer	1923	Sablon 136420	Salpingite 136958
Braye	163793	gris-clair	1923	Mercy 105783	Spécialité 138249
Brayette	160573	grise	1923	Sablon 136420	Gérardine 70841
Brayette	163794	gris-bleu	1923	Romand 135963	Ourcque 123527
Brazza	162901	grise	1923	Tahure 141677	Oullière 121149
Brazza	164492	grise	1923	Trochu 144305	Kaponne 97470
Brazzaville	162906	grise	1923	Téléphone 142061	Rustique 133115
Bréale	162907	noire	1923	Torfou 142773	Immanente 82236
Bréale	164493	grise	1923	Thillot 144147	Mozette 110831
Brebis	161800	grise	1923	Spath 136968	Tipule 141180
Brebis	162359	gris-foncé	1923	Raynouard 133959	Locomobile 102845
Brebis	162542	gris-foncé	1923	Sang 136446	Puissante 126509
Brebis	163582	alezane	1923	Névrosé 113735	Onéga 122281
Brebis	163796	noir-m.-t.	1923	Sérum 136999	Orsova 121907
Brèche	160195	gris-foncé	1923	Tictac 140979	Sophie 136572
Brèche	160606	grise	1923	Sablon 136420	Quotepart 130127
Brèche	161804	grise	1923	Téléphone 142061	Spongite 137789

NOM	N°	ROBE	Naissance	PÈRE	MÈRE
Brèche	163800	gris-clair	1923	Pectiné 124801	Kortone 96576
Brèche	164495	noire	1923	Strasbourg 139864	Historienne 78384
Bréda	162912	grise	1923	Tronchoy 142698	Quorneille 130963
Bréda	164499	grise	1923	Tobol 144205	Rubine 136063
Bredouille	161806	grise	1923	Saumur 136404	Prolonge 126366
Bredouille	163801	noire	1923	Keris 93769	Kamargo 96443
Bréguet	162910	grise	1923	Sanderling 136440	Kotice 95844
Bréhaigne	161823	grise	1923	Lichas 98731	Précession 126183
Bréhale	164500	grise	1923	Tobol 144205	Pliante 128481
Breille	164502	grise	1923	Strasbourg 139864	Ondreville 123625
Breloque	161811	noire	1923	Spath 136968	Istile 80458
Breloque	163805	grise	1923	Keris 93769	Pastourelle 127935
Brème	160183	gris-foncé	1923	Tictac 140979	Pharmacie 125934
Brème	161812	gris-clair	1923	Raynouard 133959	Naïveté 112790
Brême	162913	noire	1923	Tronchoy 142698	Nice 115412
Brème	163809	gris-clair	1923	Nichet 117897	Neuveville 117401
Brême	164503	grise	1923	Trochu 144305	Nodale 117953
Brenne	162914	grise	1923	Tronchoy 142698	Quornélie 130968
Brenne	164506	grise	1923	Trissotin 144296	Tornéa 144213
Brenneville	164507	grise	1923	Strasbourg 139864	Jodelle 98555
Brénode	164510	grise	1923	Tribur 144284	Tortosa 144220
Brenta	162915	grise	1923	Tronchoy 142698	Kadmia 95250
Brenta	164511	noir-zain	1923	Trochu 144305	Quoupée 132365
Bréra	162919	noire	1923	Tronchoy 142698	Tantalité 140661
Bréra	164513	grise	1923	Trochu 144305	Motrice 110783
Brescia	164514	grise	1923	Strasbourg 139864	Karolina 96832
Brescia	162918	grise	1923	Tronchoy 142698	Tante 140660
Brésilienne	161822	noire	1923	Quirat 128885	Quanette 129519
Brésilienne	163810	noire	1923	Nichet 117897	Maritorne 110345
Bresle	162923	grise	1923	Torfou 142773	Quarpentarie 130736
Bresle	164518	noire	1923	Trochu 144305	Massive 108387
Bressane	161813	grise	1923	Raynouard 133959	Orgère 120022
Bresse	162926	noire	1923	Tronchoy 142698	Pastourelle 126538
Bresse	164519	noire	1923	Saumeray 139476	Jane 93535
Bressuire	164520	noire	1923	Saumeray 139476	Quarantaine 132640
Brest	164531	grise	1923	Strasbourg 139864	Quiète 132546
Bretagne	162263	grise	1923	Sabarat 139316	Tropique 141054
Bretagne	164521	noire	1923	Target 144040	Rythnique 136127
Bretèche	161074	gris-clair	1923	Tablier 142345	Saronide 136866
Bretèche	161814	grise	1923	Saumur 136404	Neuvaine 113734
Bretèche	163813	grise	1923	Kourlis 95894	Tréflière 143663
Bretelle	160125	grise	1923	Temps 140932	Saule 137126
Bretelle	160212	gris-foncé	1923	Quaduc 129371	Tortille 141081
Bretelle	161816	grise	1923	Saumur 136404	Odalisque 120658
Bretelle	163816	grise	1923	Pectiné 124801	Trémie 143669

NOM	N°	ROBE	Naissance	PÈRE	MÈRE
Bretesse	161817	grise	1923	Saumur 136404	Sputation 137804
Brétessée	161824	gris-foncé	1923	Saumur 136404	Ubiquité 145536
Bretessée	163820	gris-v.-n.	1923	Keris 93769	Naïade 117528
Bretinières	160861	gris-foncé	1923	Triennat 141840	Quenouille 129125
Bretoncelles	160881	grise	1923	Taquin 140673	Litorne 100791
Bretonne	160065	gris-clair	1923	Temps 140932	Pépette 125044
Bretonne	161086	gris-clair	1923	Saumur 136404	Hoquette 97096
Bretonne	161819	gris-foncé	1923	Saumur 136404	Régalade 133205
Bretonne	162470	noire	1923	Téléphone 142061	Panade 124676
Bretonne	163818	bai-brun	1923	Tartare 140997	Pâtissoire 127975
Bretonne	164522	grise	1923	Target 144040	Toula 144226
Bretonnière	162067	noire	1923	Taquin 140673	Omission 119081
Bretonnière	162169	grise	1923	Quintanar 129225	Lili 61788
Brette	161820	noire	1923	Lichas 98731	Tiare 141276
Bretteville	164523	noire	1923	Target 144040	Question 132536
Brève	161809	noire	1923	Spath 136968	Quoralline 130513
Brève	163802	grise	1923	Médisant 105527	Peseuse 128238
Bréviante	160312	gris-foncé	1923	Quaduc 129371	Godichonne 70357
Brévité	161826	grise	1923	Saumur 136404	Naphaline 114025
Brévité	163822	grise	1923	Sérum 136999	Quortès 132286
Brezardière	160877	gris-fer	1923	Rongetout 133602	Passerinette 124624
Briarde	161827	grise	1923	Lichas 98731	Strabotomie 137863
Briarde	163823	grise	1923	Turbigot 141009	Patoiserie 127978
Briare	164534	gris-vin.	1923	Strasbourg 139864	Isère 98124
Bribe	161828	gris-foncé	1923	Lichas 98731	Quaillette 130720
Bricke	161829	grise	1923	Tinto 142060	Tapette 140272
Bricole	161830	gris-clair	1923	Sanderling 136440	Pardine 124920
Bricolle	160805	gris-fer	1923	Sablon 136420	Rina 133940
Bridaine	164535	grise	1923	Trocadéro 144304	Hymne 78208
Bride	160162	gris-foncé	1923	Quaduc 129371	Quale 129679
Bride	161832	grise	1923	Tinto 142060	Gastille 98068
Bride	164024	grise	1923	Lutécien 102720	Servière 139664
Bride	164536	noire	1923	Trochu 144305	Quartelette 132499
Brideuse	161834	noire	1923	Lichas 98731	Oudine 121318
Brideuse	164026	grise	1923	Keris 93769	Quordo 132220
Bridoie	164537	grise	1923	Strasbourg 139864	Tranche 144241
Brie	161838	noire	1923	Sanderling 136440	Nicille 114224
Brie	164538	grise	1923	Trochu 144305	Rudentée 136073
Brienne	164540	grise	1923	Strasbourg 139864	Quarde 131234
Brière	160893	noire	1923	Triennat 141840	Jaqueline 85907
Brière	163136	noire	1923	Sowiet 138115	Krevette 96034
Brière	164222	gris-c.d.m	1923	Quasson 131729	Métromanie 108484
Briève	164025	grise	1923	Lutécien 102720	Péronnelle 128193
Brièveté	161839	gris-clair	1923	Sanderling 136440	Coquette 54435
Brièveté	164028	gris-vin.	1923	Turbigot 141009	Tuberculine 143897

NOM	N°	ROBE	Naissance	PÈRE	MÈRE
Brigantine	161842	gris-vin.	1923	Bongetout 133602	Quastille 130809
Brigantine	164031	grise	1923	Thomas 141023	Phosphite 128284
Brighton	164546	grise	1923	Trivulce 144302	Noise 117966
Brigitte	160404	grise	1923	Ornain 119960	Kaximède 93765
Brigitte	160721	grise	1923	Sablon 136420	Objective 120782
Brigitte	164543	grise	1923	Trocadéro 144304	Kadence 97366
Brignole	161845	grise	1923	Saumur 136404	Khaspour 95175
Brignole	164032	grise	1923	Nichet 117897	Nèthe 117200
Brignole	164548	grise	1923	Tribur 144284	Studieuse 59248
Brigue	164033	grise	1923	Mercy 105783	Quoncision 132039
Brillante	160977	noire	1923	Souvenons 136704	Jarre 85779
Brillante	161076	noire	1923	Stimulant 137850	Jonchaie 86280
Brillante	161211	grise	1923	Taquin 140673	Nièce 111685
Brillante	161344	gris-foncé	1923	Tablier 142345	Quayenne 130839
Brillante	161840	grise	1923	Lichas 98734	Nationale 113976
Brillante	163096	noire	1923	Sexto 137450	Marthe 109165
Brillante	163909	noire	1923	Servilly 139658	Riole 135872
Brillantée	164034	gris-bleu	1923	Nichet 117897	Quoncise 132038
Brillantine	160330	noir-zain	1923	Souvenons 136704	Ombrette 118950
Brillantine	160480	gris-foncé	1923	Reynal 132841	Parcimocie 127806
Brillantine	161846	noire	1923	Sanderling 136440	Suspendue 138385
Brillantine	164037	grise	1923	Sillé 139709	Sylla 139303
Brille	160180	noir-zain	1923	Nyctalope 113635	Jeunesse 85783
Brimade	161850	noir-zain	1923	Solognot 137612	Profilée 126345
Brimade	164038	grise	1923	Tartare 140997	Obscénité 122800
Brinde	161851	grise	1923	Sauto 139489	Lacinée 101663
Brinde	164039	grise	1923	Tartare 140997	Persienne 128212
Brinde	164550	grise	1923	Trochu 144305	Rugosité 136091
Brindille	160177	noir-zain	1923	Simbleau 136949	Quenouille 129077
Brindille	160728	gris-foncé	1923	Sapor 138736	Nime 117241
Brindille	161852	noire	1923	Tinto 142060	Strette 137871
Brindille	164040	grise	1923	Tartare 140997	Klaudine 96525
Brindille	164590	grise	1923	Talisman 144358	Lisa 104675
Brindor	161191	baie	1923	Séducteur 137280	Pavotte 125609
Brioche	161376	gris-foncé	1923	Temps 140932	Migale 107038
Brioche	161853	noire	1923	Sauto 139489	Thélonne 142477
Brioche	162583	noire	1923	Sang 136446	Nanette 115358
Brioche	163097	noire	1923	Relevant 133297	Marguerite 109086
Brioche	164045	grise	1923	Nichet 117897	Utritive 148748
Brioche	164551	grise	1923	Trochu 144305	Noue 117473
Brionne	164553	noir-zain	1923	Trocadéro 144304	Quenouille 132525
Brioude	164557	grise	1923	Trocadéro 144304	Névrologie 117885
Brique	160427	gris-foncé	1923	Pélissier 126603	Novale 112307
Brique	160722	noire	1923	Sablon 136420	Mellite 105274
Brique	161855	grise	1923	Kalot 92507	Sagesse 136761

NOM	N°	ROBE	Naissance	PÈRE	MÈRE
Brique	164048	grise	1923	Mercy 105783	Orange 122657
Briquette	160423	gris-foncé	1923	Pélissier 126603	Quemini 129962
Briquette	160752	grise	1923	Sabarat 139316	Orgelette 120600
Briquette	160780	grise	1923	Tictac 140979	Icajine 80826
Briquette	161329	grise	1923	Turgot 141541	Nigritie 114859
Briquette	161856	noire	1923	Sanderling 136440	Puberté 126480
Briquette	164050	grise	1923	Mercy 105783	Opposante 121869
Brisardière	162782	gris-foncé	1923	Tillot 142740	Nicomédie 116392
Brise	160355	noire	1923	Ramoneur 133947	Ovule 120697
Brise	161857	noire	1923	Polus 126947	Strie 137877
Brisée	160551	grise	1923	Trappon 143649	Baignade 65200
Brisée	161858	noire	1923	Tinto 142060	Quoquerie 130469
Brisée	162223	aubère	1923	Quaduc 129371	Opérette 58579
Briseuse	164056	gris-bleu	1923	Nichet 117897	Ursine 148757
Briska	162414	gris-tr.-f.	1923	Succès 137926	Licenciée 100131
Brisque	161864	noire	1923	Téléphone 142061	Roye 134778
Brisque	164057	grise	1923	Mercy 105783	Malvenue 110199
Brissonne	162439	noire	1923	Lichas 98731	Obsolète 120116
Brisure	160186	noir-zain	1923	Nyctalope 113635	Thimotée 141162
Brisure	161868	grise	1923	Saumur 136404	Haleine 74732
Brisure	164059	gris-bleu	1923	Mercy 105783	Origine 122674
Britanique	160325	gris-foncé	1923	Quaduc 129371	Scottish 136652
Brive	164561	grise	1923	Trocadéro 144304	Kalomnie 92752
Brocante	161870	gris-foncé	1923	Saumur 136404	Usance 145723
Brocante	164060	grise	1923	Tartare 140997	Brillante 68205
Brocatelle	161871	noire	1923	Qroisy 130286	Hachette 73975
Brocatelle	164061	grise	1923	Nichet 117897	Kocotte 95682
Brochante	161874	gris-clair	1923	Qroisy 130286	Qualifornie 130658
Brochante	164063	grise	1923	Quompromis 132021	Quatin 131745
Broche	161876	grise	1923	Receveur 133074	Quampine 130691
Broche	164070	grise	1923	Quasson 131729	Maie 107561
Brochée	164076	grise	1923	Quasson 131729	Manutention 110278
Brochette	160241	noire	1923	Nyctalope 113635	Madeline 105660
Brochette	161220	grise	1923	Turco 141540	Polacre 125593
Brochette	161879	noire	1923	Ouistreham 120076	Prèle 126205
Brochette	162191	noire	1923	Sang 136446	Olympiade 121217
Brochette	163105	grise	1923	Relevant 133297	Magicienne 109217
Brochette	163147	noire	1923	Stimulant 137850	Ridée 134137
Brochette	164071	grise	1923	Quasson 131729	Toilette 143422
Brochure	161881	noire	1923	Receveur 133074	Olivèse 119887
Brochure	164074	noire	1923	Nichet 117897	Imola 83214
Brodera	163637	noir-rub.	1923	Toy 142796	Quapsule 131201
Broderie	161882	noire	1923	Ouistreham 120076	Novation 112897
Broderie	164079	grise	1923	Quasson 131729	Labiée 102537
Brodeuse	161883	noire	1923	Ouistreham 120076	Quandace 130702

NOM	N°	ROBE	Naissance	PÈRE	MÈRE
Brodeuse	162253	grise	1923	Turco 141540	Usurière 146427
Broglie	160168	gris-foncé	1923	Nyctalope 113635	Milliasse 107845
Broglie	164562	noire	1923	Trocadéro 144304	Lionne 103834
Broie	161894	gris-foncé	1923	Téléphone 142061	Rutule 134793
Broie	164081	grise	1923	Quasson 131729	Rénitence 135570
Brolle	163787	gris-foncé	1923	Keris 93763	Quoiffe 131883
Bromélie	164082	gris-foncé	1923	Quasson 131729	Soria 139194
Bronche	161886	grise	1923	Receveur 133074	Nacelle 114052
Bronzée	161888	noire	1923	Triennat 141840	Porteuse 126073
Bronzée	164086	gris-bleu	1923	Médisant 105527	Maudisette 57532
Brooklyn	164623	noire	1923	Trichey 142668	Livonie 99636
Brosse	160077	bai-brun	1923	Quissac 130271	Maladroite 106466
Brosse	160204	gris-foncé	1923	Saleux 139360	Nobie 113360
Brosse	161897	noire	1923	Triennat 141840	Reille 134592
Brosse	162299	grise	1923	Tréport 142647	Ligne 102234
Brosse	162932	grise	1923	Névrosé 113735	Scythie 138805
Brosse	163083	grise	1923	Mordicant 110698	Merlette 110445
Brosse	164089	gris-foncé	1923	Quasson 131729	Ouarville 122728
Brosse	164565	grise	1923	Trivulce 144302	Josèphe 98558
Brosserie	164091	grise	1923	Quasson 131729	Janville 88412
Brossette	164566	grise	1923	Strasbourg 139864	Saisine 139948
Brosseuse	162590	noire	1923	Sang 136446	Quatherine 130818
Brouage	164569	grise	1923	Impérator 83461	Lithiase 103875
Brouette	160576	noire	1923	Sablon 136420	Miellée 110517
Brouette	164093	gris-foncé	1923	Télégraphe 140527	Toxine 143581
Brouettée	160588	gris-tr.-f.	1923	Sablon 136420	Quenotte 130066
Brouille	160742	gris-foncé	1923	Sillé 139709	Lavande 100032
Brouillonne	162506	grise	1923	Succès 137926	Subite 137910
Broussaille	160792	noire	1923	Sabarat 139316	Komère 95733
Brousse	160176	grise	1923	Simbleau 136949	Soufflette 136528
Brousse	161903	gris-foncé	1923	Triennat 141840	Posture 126096
Brousse	164095	gris-foncé	1923	Quasson 131729	Quolérique 129090
Brousse	164570	grise	1923	Trochu 144305	Muqueuse 110856
Broutaille	160729	noire	1923	Sapor 138736	Pipelette 126910
Broutille	161904	grise	1923	Triennat 141840	Orne 119957
Broutille	164096	grise	1923	Quasson 131729	Hirondelle 74106
Brouttée	160272	grise	1923	Sorcier 136545	Quartouche 129330
Broyeuse	164097	grise	1923	Quasson 131729	Sionne 139727
Bru	161906	noire	1923	Triennat 141840	Quivive 129186
Bruce	164575	noire	1923	Trochu 144305	Poétesse 128519
Brucelle	164098	grise	1923	Quasson 131729	Phénicienne 128270
Bruche	161907	noire	1923	Triennat 141840	Larive 100905
Bruche	164099	gris-foncé	1923	Quasson 131729	Mautilly 110273
Brucine	161908	gris-foncé	1923	Simbleau 136949	Kanine 90720
Brucine	164100	grise	1923	Quasson 131729	Némée 117185

NOM	N°	ROBE	Naissance	PÈRE	MÈRE
Brucinette	164101	grise	1923	Quasson 131729	Romance 135959
Bructère	164577	noire	1923	Impérator 83461	Orvale 123705
Bruges	164580	grise	1923	Trocadéro 144304	Salaison 139954
Bruine	164102	grise	1923	Quasson 131729	Igualada 83207
Bruineuse	164104	gris-foncé	1923	Tartare 140997	Fugue 98621
Brûlante	162285	grise	1923	Sauto 139489	Sambre 138049
Brûlante	164107	gris-vin.	1923	Romand 135963	Palissade 127672
Brûlée	160499	noire	1923	Souvenons 136704	Qlématite 131817
Brûlée	164108	grise	1923	Romand 135963	Modane 110066
Brûlette	161096	alezane	1923	Simbleau 136949	Lignerolle 99806
Brûleuse	164109	grise	1923	Tartare 140997	Urgande 149371
Brûlure	161915	noire	1923	Nyctalope 113635	Prétendante 126256
Brûlure	164112	grise	1923	Tartare 140997	Ulluque 148983
Brumale	164113	grise	1923	Télégraphe 140527	Minerve 108522
Brumardière	164196	grise	1923	Mercy 105783	Persillée 128214
Brume	164118	grise	1923	Romand 135963	Naissance 117535
Brumoy	164582	noir-zain	1923	Strasbourg 139864	Hôtesse 78303
Brune	162047	noire	1923	Terreau 140590	Naville 114689
Brune	164121	grise	1923	Romand 135963	Quassante 131627
Brune	164584	grise	1923	Trivulce 144302	Salamandre 139957
Brunelles	160858	grise	1923	Taquin 140673	Polkette 128772
Brunetière	161680	noire	1923	Titus 140430	Oppressive 120876
Brunetière	164588	grise	1923	Trochu 144305	Koléa 97347
Brunette	160164	gris-foncé	1923	Quaduc 129371	Ombreuse 118951
Brunette	161182	grise	1923	Séducteur 137280	Locuste 99651
Brunette	162049	noir-m.-t.	1923	Taquin 140673	Galantine 70693
Brunette	162302	noire	1923	Trappon 143649	Orbite 120255
Brunette	163409	noire	1923	Marocain 107904	Saïque 139944
Brunette	164123	grise	1923	Romand 135963	Opportune 123094
Brunette	164587	grise	1923	Strasbourg 139864	Noyade 118298
Bruscambille	164604	noire	1923	Nicobar 118452	Oméga 123724
Brusque	160889	noire	1923	Marocain 107904	Quentine 129659
Brusque	161653	grise	1923	Sapor 138736	Salopette 136807
Brusquette	164605	grise	1923	Tribur 144284	Lina 103820
Brutale	162051	noire	1923	Taquin 140673	Tessiture 140611
Brute	162048	noire	1923	Lougre 100470	Krevasse 91420
Brute	164125	grise	1923	Quompromis 132021	Ortale 122703
Bruxelles	164589	grise	1923	Trocadéro 144304	Pluviale 128510
Bruyère	162053	noire	1923	Taquin 140673	Réversion 134097
Bruyère	162557	noir-zain	1923	Téléphone 142061	Redentée 133126
Bruyère	163133	gris-fer	1923	Sowiet 138415	Qlématite 130129
Bruyère	164128	gris-foncé	1923	Quasson 131729	Levantine 101867
Bruyère	164384	grise	1923	Polonais 125998	Quouvée 132426
Bruyère	164592	grise	1923	Trocadéro 144304	Neuvième 117880
Bryone	162575	gris-clair	1923	Sang 136446	Orpheline 120582

NOM	N°	ROBE	Naissance	PÈRE	MÈRE
Bryone	164131	grise	1923	Saleux 139360	Quaze 130223
Bualerie	162585	noire	1923	Sang 136446	Noyale 114459
Buanderie	162058	grise	1923	Taquin 140673	Illégale 78600
Buanderie	164134	noir-zain	1923	Reynal 132841	Kohérente 95687
Buandière	164132	noire	1923	Saleux 139360	Georgette 72142
Bubale	164138	grise	1923	Mercy 105783	Qlarisse 131800
Bubaste	164593	grise	1923	Trivulce 144302	Kérimonéa 89928
Bube	162056	gris-foncé	1923	Taquin 140673	Rosace 133368
Bube	164139	noire	1923	Sillé 139709	Sousse 139218
Bucarest	164594	noire	1923	Trivulce 144302	Rustauderie 136118
Buccale	164140	noire	1923	Sillé 139709	Souveraine 139213
Buccine	162061	bai-foncé	1923	Taquin 140673	Planure 125857
Buccine	164141	noire	1923	Sillé 139709	Kolère 95695
Bucentaure	164603	noire	1923	Saumur 140178	Rusée 136112
Bucéphale	164595	grise	1923	Trocadéro 144304	Limite 103793
Bucharde	163144	gris-foncé	1923	Négligent 112708	Mireille 107422
Bûche	162062	aubère	1923	Simbleau 136949	Sirupeuse 137534
Bûche	164142	alezan-br.	1923	Reynal 132841	Novale 117069
Buche	164602	noire	1923	Tobol 144205	Trie 144285
Bûcheronne	162063	grise	1923	Simbleau 136949	Marcotte 108018
Bûcheronne	164146	grise	1923	Sapor 138736	Obligation 122790
Bûchette	162065	grise	1923	Ténia 140572	Quistine 129073
Bûchette	164145	noire	1923	Turquin 142152	Jubilation 87296
Buchone	164601	grise	1923	Strasbourg 139864	Trieste 144286
Buckle	164596	grise	1923	Nérac 112728	Muette 110837
Bucolique	162066	grise	1923	Ténia 140572	Poignée 125540
Bucolique	164597	noire	1923	Tilly 144173	Rugination 136097
Budapest	164599	noire	1923	Régisseur 133257	Logette 103257
Buée	160279	grise	1923	Souvenons 136704	Nouméa 112389
Buée	164147	gris-bleu	1923	Sapor 138736	Sparte 139222
Buffetière	162070	gris-foncé	1923	Terreau 140590	Saripette 138264
Buffetière	164150	noir-zain	1923	Pilon 127251	Mine 108249
Buglose	162073	gris-foncé	1923	Taquin 140673	Quomtale 130351
Buglose	164157	grise	1923	Sillé 139709	Grive 72826
Buglosse	164154	grise	1923	Médisant 105527	Loquèle 102619
Bugrane	162074	gris-foncé	1923	Terreau 140590	Potée 126103
Bugrane	164158	noire	1923	Sillé 139709	Réponse 135612
Bugue	164607	noire	1923	Nestor 113207	Mûre 109477
Buire	162079	gris-clair	1923	Terreau 140590	Tétralogie 140625
Buire	164160	noir-m. t.	1923	Sapor 138736	Hève 76147
Buirette	164164	gris-foncé	1923	Télégraphe 140527	Nuclée 117090
Buissaie	164167	noire	1923	Tréport 142647	Qliente 131820
Buissière	164165	gris-foncé	1923	Télégraphe 140527	Tare 142971
Buissonne	160347	gris-foncé	1923	Ténia 140572	Kyste 89686
Bukarest	164606	grise	1923	Trivulce 144302	Martingale 104769

NOM	N°	ROBE	Naissance	PÈRE	MÈRE
Bukovine	164402	baie	1923	Polonais 125998	Marine 111338
Bukovine	164609	grise	1923	Nénuphar 117675	Rugueuse 136092
Bulbeuse	164168	grise	1923	Sapor 138736	Nulle 117103
Bulgarie	164611	noire	1923	Trocadéro 144304	Novatrice 118037
Bulgnéville	164612	grise	1923	Rococo 134245	Ocqueville 123558
Bulle	160619	grise	1923	Trappon 143649	Isbillette 80019
Bulle	160707	noire	1923	Sapor 138736	Teinte 141046
Bulle	160754	grise	1923	Sablon 136420	Tavane 141072
Bulle	164173	gris-foncé	1923	Reynal 132841	Obsession 122811
Bulline	160823	grise	1923	Tronchoy 142698	Jalouse 86578
Bulonnière	162882	grise	1923	Tendant 140559	Louisiane 104655
Buratine	162087	gris-clair	1923	Taquin 140673	Question 129194
Buratine	164177	gris-fer	1923	Médisant 105527	Représaille 135614
Bure	162088	alezane	1923	Temps 140932	Reprise 133650
Bure	164178	gris-foncé	1923	Reynal 132841	Joyeuse 87157
Burèle	162100	noire	1923	Saleux 139360	Ulcération 148965
Burèle	164186	grise	1923	Tréport 142647	Kolonie 95717
Burelle	162091	gris-rouan	1923	Taquin 140673	Platée 125865
Burelle	164179	baie	1923	Sapor 138736	Lydie 101352
Bures	160068	grise	1923	Perturbateur 125648	Ondoyante 118980
Bures	163574	noire	1923	Polus 126947	Terreuse 143122
Bures	164290	grise	1923	Keris 93769	Révolution 135789
Burette	162092	noire	1923	Taquin 140673	Nasarde 114329
Burette	162256	grise	1923	Simbleau 136949	Rocroi 134659
Burette	164180	gris-foncé	1923	Tréport 142647	Numératrice 117108
Burgaudine	162093	noir-m.-t.	1923	Taquin 140673	Socinienne 137560
Burgaudine	164183	grise	1923	Nichet 117897	Qloche 131830
Burgoyne	164624	grise	1923	Trichey 142668	Névrite 117884
Burgrave	164182	grise	1923	Tréport 142647	Remoulade 135534
Burgrave	164628	noire	1923	Mornitlard 106131	Noiraude 117965
Burie	164630	noir-zain	1923	Impérator 83461	Narquoiserie 111487
Burke	164632	grise	1923	Péplum 124974	Kazane 97204
Burlesque	162098	noir-zain	1923	Stokolme 138147	Poularde 125074
Burlesque	164190	noir-zain	1923	Médisant 105527	Obtuse 122826
Burnette	164662	grise	1923	Tobol 144205	Nucléale 118071
Burole	160297	noire	1923	Souvenons 136704	Navigue 111587
Bursale	162102	gris-foncé	1923	Terreau 140590	Naturalisée 114660
Bursale	164188	grise	1923	Quasson 131729	Pictones 124702
Burtone	164634	alezane	1923	Jaccoud 88477	Thébaïde 144461
Busarde	164192	grise	1923	Médisant 105527	Olynthienne 123420
Buse	160280	noire	1923	Souvenons 136704	Suzette 136715
Buse	162104	noire	1923	Stokolme 138147	Qrépillère 130325
Buse	164198	grise	1923	Médisant 105527	Marthe 109647
Busquée	160793	noir-zain	1923	Sabarat 139316	Sauce 138261
Busquière	162109	gris-foncé	1923	Ramoneur 133946	Olone 119223

NOM	N°	ROBE	Naissance	PÈRE	MÈRE
Busquière	164199	noire	1923	Médisant 105527	Précieuse 68100
Bussière	164636	grise	1923	Trévilly 142649	Théière 144462
Bute	164201	grise	1923	Médisant 105527	Lychnide 102748
Bute	164642	grise	1923	Oct 118821	Roulante 136005
Butée	162110	grise	1923	Ramoneur 133946	Juillette 85343
Butineuse	162111	gris-foncé	1923	Tictac 140979	Uve 145764
Butineuse	164200	grise	1923	Médisant 105527	Tournisse 143565
Butte	160710	noire	1923	Sapor 138736	Lorette 103300
Butte	162143	grise	1923	Tictac 140979	Piastre 125720
Butte	164204	grise	1923	Turbulent 143938	Sournia 139211
Butte	164646	grise	1923	Thillot 144147	Raillerie 136181
Buttée	164206	noire	1923	Néflier 111919	Résection 135641
Butylène	164209	grise	1923	Quasson 131729	Jauge 87218
Butylique	164237	gris-foncé	1923	Turbulent 143938	Tortue 143503
Butyrate	164210	grise	1923	Quasson 131729	Olympe 123419
Butyrine	162146	gris-foncé	1923	Ramoneur 133946	Orgie 120327
Butyrine	164211	gris-foncé	1923	Quasson 131729	Tonture 144236
Butyrique	164214	gris-foncé	1923	Quasson 131729	Peuplade 128259
Buvable	164236	grise	1923	Kourlis 95894	Lamaltière 102782
Buverie	162117	grise	1923	Nyctalope 113635	Rochemaure 134652
Buverie	164216	gris-bleu	1923	Nichet 117897	Parotide 128675
Buvetière	164218	grise	1923	Romand 135963	Pétition 128248
Buvette	160133	grise	1923	Ramoneur 133946	Kivette 89837
Buvette	162120	bai-brun	1923	Nyctalope 113635	Soumission 137695
Buvette	164226	gris-clair	1923	Quasson 131729	Ourcelle 122741
Buveuse	162121	grise	1923	Nyctalope 113635	Orangeade 119142
Buveuse	164227	grise	1923	Tartare 140997	Néarque 117180
Buxtone	164653	grise	1923	Tobol 144205	Ouanne 123739
Buzenval	164657	grise	1923	Trembley 144261	Tizi 140354
Byronienne	164228	grise	1923	Télégraphe 140527	Hysope 77346
Bysse	162127	gris-clair	1923	Mylord 107421	Isabelle 82397
Bysse	164231	grise	1923	Romand 135963	Laserre 102873
Byzance	164651	noir-zain	1923	Tribur 144284	Nidoreuse 113765
Byzantine	160360	gris-foncé	1923	Temps 140932	Rise 133467
Byzantine	161108	grise	1923	Simbleau 136949	Ode 120182
Byzantine	162125	gris-foncé	1923	Triennat 141840	Rapière 132937
Byzantine	164233	gris-clair	1923	Quasson 131729	Ocreuse 122864
Byzantine	164658	gris-vin.	1923	Strasbourg 139864	Oucque 123742

ERRATUM

Truie	141493	noire	1919	Prorata 126402	Marquise 46390

IMPRIMERE L. HAMARD, NOGENT-LE-ROTROU

www.ingramcontent.com/pod-product-compliance
Lightning Source LLC
LaVergne TN
LVHW020027170826
845678LV00001B/147

* 9 7 8 2 3 2 9 7 5 7 4 9 0 *